Das unsichtbare Bild

Die Ästhetik des Bilderverbotes

TVZ

Matthias Krieg,
Martin Rüsch,
Johannes Stückelberger,
Matthias Zeindler
(Hg.)

Das unsichtbare Bild

Die Ästhetik des Bilderverbotes

TVZ

Impressum

Erscheint anlässlich der Ausstellung «Das unsichtbare Bild. Die Ästhetik des Bilderverbotes»
in den Kirchen von Zürich-Predigern, Kappel am Albis, Schaffhausen-Münster und Oberwinterthur,
30. Mai bis 15. Juli 2005

Ein Projekt von «Bildung und Gesellschaft»
im Auftrag der Evangelisch-reformierten Landeskirche des Kantons Zürich

Ausstellung

Projektleitung: Martin Rüsch, Matthias Krieg
Beratung: Johannes Stückelberger
Zürich-Predigern: Daniel Lienhard
Kappel: Thomas Gretler, Angelika Affentranger-Kirchrath
Schaffhausen: Esther Schweizer, Markus Stegmann
Oberwinterthur: Felix Blum, Urs Stahel

Katalog

Herausgeber: Matthias Krieg, Martin Rüsch, Johannes Stückelberger, Matthias Zeindler
Redaktion: Matthias Krieg, Martin Rüsch, Johannes Stückelberger, Matthias Zeindler
Gestaltung: Kaspar Thalmann, Uster
Lithographie: Ast, Jakob und Vetsch, Köniz
Druck: AZ Druck und Datentechnik GmbH, Kempten

Matthias Krieg, Martin Rüsch, Johannes Stückelberger, Matthias Zeindler (Hg.)
Das unsichtbare Bild: die Ästhetik des Bilderverbotes
Zürich: Theologischer Verlag Zürich, 2005
ISBN 3-290-17365-8

Fotonachweis

Elisabeth Arpagaus: S. 52, 53; Michael Fontana, Basel: S. 16; Museum of Modern Art, San Francisco: S. 12;
Van Gogh Museum, Amsterdam: S. 15; Patrick Gutenberg S. 28, 29, 46, 49, 56, 57, 61, 76, 77; Andreas
Hoffmann: S. 41, 44, 71; Bündner Kunstmuseum Chur S. 54, 55; Jörg Heikal S. 65, 66, 67; Annette
Kradisch, S. 68; Jeanette Mehr: S. 50, 51
Aus folgenden Publikationen wurden entnommen:
Affentranger-Kirchrath 2003 (vgl. Anm. 4, S. 45): S. 52 und 53; Balzac 1987 (vgl. Anm. 9, S. 18): S. 13;
Alberto Giacometti, Ausst.kat. Berlin, Stuttgart, 1988: S. 14; Matthias Krieg / Gabrielle Zangger-Derron, Die
Reformierten, Zürich: TVZ, 2002: S.25; Krüger 2001 (vgl. Anm. 7, S. 18): S. 12; Otto Pächt, Rembrandt,
München: Prestel, 1991: S. 15; Riout 2004 (vgl. Anm. 12, S. 19): S. 13; Stückelberger 1996 (vgl. Anm.
19., S. 19): S. 17

Die deutsche Bibliothek – CIP-Einheitsaufnahme
Die Deutsche Bibliothek verzeichnet diese Publikation in der Deutschen Nationalbibliographie;
detaillierte bibliographische Daten sind im Internet über http://dnb.ddb.de abrufbar

Inhalt

Grusswort
Thomas Wipf
Präsident des Rates, Schweizerischer Evangelischer Kirchenbund

Die Paradoxie des «unsichtbaren Bildes» fasziniert mich. Deshalb habe ich gerne das Patronat übernommen für dieses Ausstellungsprojekt zwischen Kunst und Kirche. Bei Werken der Kunst kommen mir jene besonders nahe, die mir durch Reduktion und Abstraktion die innere Freiheit der Empfindung und Interpretation lassen. Zu viele Bilder in der heutigen Flut sind so aufdringlich, dass sie mir die Freiheit nehmen, in der Tiefe berührt und in den Gedanken angeregt zu werden.

Mich interessiert die Bedeutung der reformierten Zurückhaltung Bildern gegenüber. Zwar können wir auch von Gott und vom Glauben nur in Bildern reden. Bilder dürfen aber das Unsichtbare nicht verdecken. Sie sollen unsere Augen öffnen dafür. Werke gegenwärtiger Kunst helfen uns, zu sehen und zu hören, was hinter allem ist. Auch was Gott ist und was der Mensch, sollen wir immer wieder neu sehen und hören. Die biblische Empfehlung, Gott in der Unsichtbarkeit zu belassen, kann vor Vereinnahmung und Überschwänglichkeit bewahren.

Mich fasziniert auch die Kirche als Ort der Ausstellungen. Über viele Jahrhunderte war die Kirche wichtige Auftraggeberin für die Kunst. Begegnungen zwischen der Bibel, dem Glauben, der Kirche und den zeitgenössischen Künsten waren wichtig für die gegenseitige Inspiration und haben unsere gemeinsame Kultur mitgeschaffen. Auch hier sind aber die alten Beziehungen nicht mehr selbstverständlich. Umso erfreulicher sind Projekte, die unter den gegenwärtigen Bedingungen den Dialog und das Gespräch suchen. Kirche und Glaube werden durch Grenzüberschreitungen belebt. Dafür lohnt es sich auch, Risiken auf sich zu nehmen.

Die vier Kirchgemeinden Zürich-Predigern, Kappel am Albis, Schaffhausen-Münster und Oberwinterthur bieten dem Ausstellungsprojekt Gastrecht. Solchen Mut und solche Bereitschaft braucht die Kirche. Mit ihrer Projekt–initiative geben Matthias Krieg und Martin Rüsch zusammen mit Johannes Stückelberger und Matthias Zeindler der Begegnung von Kirche und zeitgenössischer Kunst wichtige neue Impulse. Ich wünsche den Ausstellungen interessierte Besucherinnen und Besucher und dem vorliegenden Begleitbuch neugierige Leserinnen und Leser.

Leitidee
Ein Ausstellungsprojekt zwischen Kunst und Kirche
Matthias Krieg, Martin Rüsch, Johannes Stückelberger, Matthias Zeindler

Im Bilderverbot der Bibel und entsprechend in jedem Bilderstreit der Kirche, bis hin zu den Bilderstürmen der Reformation, geht es letztlich um die religiöse Grundfrage: Wer ist Gott? «Du sollst dir kein Bildnis machen» – das zweite Gebot nach biblischer und reformierter Zählung – ist weniger ein Verbot, als vielmehr die dringliche Empfehlung, Gott in der ihm wesenhaften Unsichtbarkeit zu belassen. Dass wir in unserem Reden über Gott dabei gar nicht ohne Bilder auskommen, ist das Paradox des Bilderverbots. Auch unsichtbare Bilder des Unsichtbaren sind Bilder. Das gilt ähnlich für die bilderlosen reformierten Kirchen, denen ebenfalls Bildqualität zukommt.

Das Ausstellungsprojekt fragt nach der Ästhetik des Bilderverbotes, nach der Bildlichkeit des unsichtbaren Bildes, nach der Bildhaftigkeit des bilderlosen Raumes. Es thematisiert reformierte Bildaskese: als Möglichkeit eines bewussten Umgangs mit dem Sichtbaren, dem Unsichtbaren und dem Bild. Angesichts der gegenwärtigen Flut von Bildern und der Anästhesierung durch Sichtbares und Scheinbares eine gewiss in höchstem Masse herausfordernde und aktuelle Angelegenheit.

Von Seiten der *Kirche* ist in der Frage nach dem Bilderverbot ein profilbildendes Erkennungsmerkmal der reformierten Kirche zu vergegenwärtigen. Diese kulturprägende Entscheidung ist insofern aktuell, als gerade im Gegenüber zur Bilderflut die Bilderlosigkeit nicht nur als historische Last, sondern auch als Chance gesehen werden kann. Und so ist angesichts der divergenten Bildwelten von heute nach der Stimme der Theologie zu fragen. Die Ausstellungen mit gegenwärtiger Kunst verpflichten überdies, die Bilderlosigkeit ästhetisch zu verantworten, einer Ästhetik des Bilderverbots auf der Spur zu bleiben. Gegenwärtiges Kunstschaffen verleiht dem Ringen um die Aktualität des Bilderverbotes ein Gesicht.

Auf Seiten der *Kunst* stellen Bilder des Unsichtbaren seit alters eine der grössten Herausforderungen dar. Kunst hat nie nur das Sichtbare wiedergegeben, sondern hat immer auch versucht, das Unsichtbare zu thematisieren. Und sie tut es bis heute. Der modernen Kunst sind die Themen des Bilderverbotes und des unsichtbaren Bildes nicht fremd. Viele moderne und auch zeitgenössische künstlerische Positionen zielen auf Reduktion, vermeiden Abbildlichkeit und verfolgen einen Gestus der Bildaskese, was Hans Belting jüngst veranlasst hat, die Geschichte der modernen Kunst unter dem Titel «Das unsichtbare Meisterwerk» zu verhandeln.

Das Projekt möchte die theologischen und künstlerischen Interessen an den Themen des Bilderverbotes beziehungsweise des unsichtbaren Bildes miteinander ins Gespräch bringen, mit dem Ziel, über eine Ästhetik des Bilderverbotes nachzudenken.

Werdegang
Von der Idee zur Realisierung
Martin Rüsch

Ein Besuch im Kammgarnmuseum Schaffhausen und damit also ausgerechnet «Bilder» (etwa von Robert Ryman) gaben mir den Anstoss und führten zur Idee: Mit gegenwärtigen Bildern – und nicht in Texten und Diskussionen – das Bilderverbot zu thematisieren. In der Kirchgemeinde Oberwinterthur, wo Ausstellungen oder eben auch solchen Grenzgängen zwischen Kunst und Kirche wiederholt Raum geboten wurde, entstand der Wunsch, dass ein grösseres Vorhaben wie dieses von der Kantonalkirche unterstützt würde. Die Abteilung Bildung und Gesellschaft bzw. Matthias Krieg, wiederum an der Frage nach den «Reformierten» interessiert, zeigte sich sofort bereit, die Idee aufzugreifen und gemeinsam nach einer Realisierung zu suchen.

Das «Bilderverbot» gilt als typisch reformierte Eigenheit. Meist wird es verstanden als Ausschluss von Bildern aus dem Gottesdienstraum. Dieser Ausschluss von Bildern ist aber, wenn wir es positiv wenden, weniger eine Ablehnung als vielmehr eine Bekräftigung der bilderlosen Gestalt. Die Bildlosigkeit bekräftigt die Unsichtbarkeit Gottes. Und sucht damit, die Unsichtbarkeit sichtbar werden zu lassen. Diese Paradoxie – ausgerechnet das Auge auf das Unsichtbare zu beziehen – gehörte also von Anfang an zu diesem Projekt.

Die Geschichte des reformierten Bilderverbots bzw. der Auswirkungen auf die Kunst vertieft zu betrachten, wäre eine Aufgabe für sich. Das Projekt möchte das Augenmerk aber nicht auf die historische Seite des Bilderverbotes legen. Es will fragen, inwiefern sich die Sache, um die es dem Bilderverbot ging, auch in der Gegenwart zeigt, das heisst: angesichts von zeitgenössischem Kunstschaffen. – Wir leben in einer Zeit und Welt, die den Bildern eine ungeahnte Bedeutung zuspielt: im öffentlichen Alltag der Medien, im alltäglichen privaten Gebrauch von Bildern oder etwa in den Visualisierungen von Technik und Forschung. Diese Allgegenwart von Bildern bedeutet für Künstlerinnen und Künstler, auf diesen bildbestimmten Kontext in bestimmter Weise wiederum mit Bildern zu reagieren. Und das kann heissen, mit Bildern, die dem, was nicht sichtbar ist, eine Sichtweise geben.

Die Initiative zu diesem Projekt ging von der Kirche aus. Aber es zeigte sich bald auch ein erfreuliches Interesse von Künstlerinnen und Künstlern. Um die verschiedenen Interessen und Motivationen in diesem «Zwischenraum» von Kunst und Kirche zusammenzuführen, war es uns wichtig, mit professioneller Beratung und Begleitung auch von Seiten der Kunst vorzugehen. Kunst zeigt sich heute oft in verwirrend vielfältigen Formen. Video, Photographie und neue Medien, Installationen, Wortarbeiten und Performances (nebst allen Überlagerungen) sind zur Malerei hinzugekommen. Daraus entwickelte sich das Konzept, verschiedenen (wenn auch nicht allen) Medien innerhalb der Kunst verschiedene Schauplätze zuzuweisen. In den vier Kirchenräumen soll je exemplarisch ein bestimmtes Medium zum Zuge kommen.

Nebst der Fachberatung durch den Kunsthistoriker Johannes Stückelberger sind für jeden Ausstellungsort Fachpersonen von Kunstseite beigezogen worden. In Schaffhausen regte Markus Stegmann vom Museum Allerheiligen an, eine Arbeit von Thomas Rentmeister im Münster zu zeigen (Medium Installation). In Winterthur wies uns Urs Stahel vom Fotomuseum auf Andrea Good hin (Medium Fotografie). Für Kappel am Albis konnte Angelika Affentranger-Kirchrath zwei Positionen von Malerei vermitteln (Medium Malerei): Elisabeth Arpagaus und Mario Sala. Und in der Predigerkirche in Zürich entstand – zusammen mit Daniel Lienhard – eine Wortarbeit (Medium Wort), wobei Gedichte des Schriftstellers Klaus Merz eine neue Schreib- und Leseweise erfahren.

Das «unsichtbare Bild» oder der Versuch, gerade in Kirchenräumen mit Kunstwerken dem Thema «Bilderverbot» nachzuspüren, löst Irritationen aus. Zunächst dadurch, dass scheinbar Unzusammengehöriges zusammenge-bracht wird. Zwischen Kunst und Kirche scheinen – erst recht unter dem Stichwort «Bilderverbot» – klare Grenzen gezogen, die in Frage gestellt werden. Dieses Wagnis geht das Projekt ein, wobei im Auge behalten werden soll, dass weder der gegenwärtigen Kunst ein aktualisiertes «Bilderverbot» vorgehalten wird, noch es darum geht, Kunst aufs Neue in die Kirche einzugemeinden. Vielmehr ist diese Irritation ein Versuch, die jeweilige

Grenzüberschreitung fruchtbar zu machen für eine neue Sicht auf die Gegenwart, sowohl was die Situation der Kunst wie der (reformierten) Kirche betrifft. Die Ausstellungen bescheiden sich auf wenig Sichtbares. Wer eine Vielzahl an Exponaten erwartet, wird irritiert sein, doch hoffen wir in einem positiven Sinne, indem das Thema – das Verhältnis von Sichtbarem und Unsichtbarem – in den Blick kommt.

Das vorliegende Buch ist Teil des Projektes «Das unsichtbare Bild». Es nimmt Bezug auf die Ausstellungen, zeigt sichtbare oder auch nicht sichtbare Werke, versammelt historische wie literarische Texte zum Thema und Texte und Reaktionen zum «unsichtbaren Bild». Sie mögen anregen und herausfordern, die Sache des «Bilderverbotes» nicht aus dem Auge zu verlieren oder «das unsichtbare Bild» von neuem in den Blick zu nehmen. Die Auseinandersetzung mit dem «unsichtbaren Bild» möge ebenso angeregt werden durch Gespräche, Diskussionen und Begleitveranstaltungen. Oder durch stille Entdeckungen: in Kirche(n), Kunst oder Theologie.

Das unsichtbare Bild
Prolegomena zu einer reformierten Ästhetik
Johannes Stückelberger

Die Reformierten und die Bilder

Die Bilderlosigkeit der Reformierten ist sprichwörtlich. Reformierte Kirchen zeichnen sich durch ihre Schlichtheit aus, und es fehlen darin in der Regel Bilder und figürliche Darstellungen. Gleichwohl leben die Reformierten nicht ohne Bilder. Zwar versteht sich die reformierte Kirche als Kirche des Wortes und nicht des Bildes. Dass es in der Reformationszeit zu den Bilderstürmen kam, hat jedoch nicht allein theologische Gründe, und die meisten Reformatoren haben sich nicht generell gegen die Bilder, sondern nur gegen deren Verehrung ausgesprochen. Im Protestantismus gibt es kein Bilderverbot, wie es etwa der Islam kennt.

Das erklärt, warum nach der Reformation da und dort Bilder wieder in die reformierten Kirchen zurückgekehrt sind, und die Beispiele mehren sich in jüngster Zeit, im Zusammenhang mit Neugestaltungen von Gottesdiensträumen oder im Rahmen temporärer Ausstellungen und Installationen. Inwieweit diese Rückkehr der Bilder sich mit reformiertem Selbstverständnis verträgt und zulässig ist, das wird immer wieder thematisiert, interessanter scheint mir jedoch die Frage, *welche* Bilder sich mit reformierter Theologie, mit einem reformierten Bildverständnis, mit einer reformierten Ästhetik vertragen.

Trotz der sprichwörtlichen Bilderlosigkeit der Reformierten gibt es eine reformierte Ästhetik. Die vorliegenden Überlegungen sind tastende, vorläufige Versuche – deshalb spreche ich von Prolegomena –, diese Ästhetik zu beschreiben und in ihren Grundzügen zu fassen. Mein Vorschlag geht dahin, dieser Ästhetik die Metapher des unsichtbaren Bildes zugrundezulegen. Reformierte Ästhetik als Ästhetik des unsichtbaren Bildes – oder, wie es der Untertitel der Ausstellung formuliert: als Ästhetik des Bilderverbotes – das sei hier zur Diskussion gestellt.

Das Bilderverbot – und damit auch das Thema des unsichtbaren Bildes – war in den letzten Jahren Ausgangspunkt einer äusserst fruchtbaren Debatte zwischen Theologie und Kunstwissenschaft.[1] Die Kunstwissenschaft interessiert das Bilderverbot besonders im Zusammenhang mit der Frage: Was ist ein Bild? Dass Bilder verboten werden müssen, sagt etwas über ihre hohe Wirkmacht aus, gleichzeitig erinnert das Bilderverbot daran, dass es Bereiche der Wirklichkeit gibt, die jenseits der Reichweite von Bildern liegen.[2] Die Theologie erkennt in dem Thema eine Möglichkeit, mit der modernen Kunst in Dialog zu treten, insofern das Bilderverbot sowohl die Basis des Redens über Gott ist als auch gleichzeitig Ausgangspunkt modernen bildnerischen Schaffens.[3] Dass dieses Gespräch in Gang gekommen ist, ist nicht zuletzt der Wiederaufnahme von Traditionen der negativen Theologie zu verdanken.[4]

Meine Überlegungen haben ihren Ursprung zweifellos in dieser Debatte, die ich hier fortführen möchte, allerdings mit einem leicht anderen Akzent, indem ich nicht mehr allgemein über die Bedeutung des Bilderverbotes für Theologie und Kunst nachdenke, sondern spezifischer nach der Relevanz des Bilderverbotes beziehungsweise des unsichtbaren Bildes für eine reformierte Ästhetik frage. Ich gehe dabei nicht von der Theologie aus, sondern von der Kunst. Paul Tillich, Albrecht Grözinger, Jérôme Cottin und andere haben überzeugende Versuche einer protestantischen Bildtheologie vorgelegt.[5] Im Unterschied zu ihnen möchte ich – als Kunsthistoriker – eine reformierte Ästhetik auf der Grundlage dessen formulieren, was protestantische Künstler an Kunst geschaffen und unter Kunst verstanden haben.

Reformierter Bildersturm und moderner Ikonoklasmus

1953 bat der junge Robert Rauschenberg den bekannten amerikanischen Künstler Willem de Kooning um eine bedeutende Zeichnung, um diese anschliessend – mit dessen Einverständnis – auszuradieren. Er brauchte dafür einen Monat, länger, als de Kooning fürs Zeichnen. Übrig blieb ein Blatt mit ein paar Flecken und Radierspuren – ein unsichtbares Bild –, das er neu mit seinem Namen versah und mit dem Titel «Erased de Kooning Drawing» in einen Goldrahmen setzte (Abb. 1). Die Aktion lässt sich damit vergleichen, wie vier Jahrhunderte früher die reformierten Bilderstürmer vorgegangen sind, indem sie aus den Kirchen Bilder und Skulpturen entfernten und

Abb. 1: Robert Rauschenberg, *Ausradierte de Kooning-Zeichnung*, 1953, San Francisco, Museum of Modern Art

so den Gebäuden eine neue, reformierte Identität verliehen. Bilder haben seither in reformierten Kirchen einen schweren Stand. Doch sind die Kirchen dadurch wirklich bilderlos geworden? Rauschenberg hat zwar die Zeichnung de Koonings ausradiert, aber das Bild – in Form eines Blatt Papiers – ist noch immer da. Der Künstler beging nicht einen Akt der Zerstörung, sondern unterzog das Bild lediglich einer Transformation. Eine ähnliche Transformation passierte mit den Kirchen zur Zeit der Reformation. Zwar wurden die mobilen Kunstwerke aus ihnen entfernt, doch haben die Gebäude ihren Bildcharakter dadurch nicht verloren. Er hat sich lediglich verändert.

Rauschenberg veränderte die de Kooning-Zeichnung auf die Weise, dass er sie an ihren Ausgangspunkt zurückführte. Er wählte für seine Arbeit nicht ein weisses Blatt, sondern entschied sich dazu, ein volles Blatt zu leeren. Was er leerte, ausradierte, sind Spuren eines persönlichen Ausdrucks, an deren Stelle er ein unsichtbares Bild setzte, das als Projektionsfläche dient für unsere inneren Bilder, für Erinnerungen an das ehemals hier befindliche Bild, für Bilder von ausserhalb des Bildes. Einer ähnlichen Veränderung unterzogen die Bilderstürmer der Reformationszeit die Kirchen, indem sie sie leerten. Sie entfernten Bilder, an die die Vorstellung geknüpft war, dass sie göttliche Nähe repräsentierten und ersetzten sie – unter anderem unter Berufung auf das Bilderverbot der Bibel – durch das unsichtbare Bild des leeren Raumes, das für sie zu einer Metapher für die Freiheit und Unverfügbarkeit Gottes wurde. Natürlich gab es für ihr Tun noch andere Motive, die uns hier jedoch nicht zu interessieren brauchen.[6]

Was hat es mit der Metapher des unsichtbaren Bildes auf sich? Wie ist sie zu deuten? Inwieweit eignet sie sich als Grundlage einer reformierten Ästhetik? Was soll man sich unter der scheinbar paradoxen Formulierung einer Ästhetik des Bilderverbotes vorstellen? Diesen Fragen möchte ich hier nachgehen, indem ich in einem ersten Schritt ein paar Orte nenne, wo wir der Metapher des unsichtbaren Bildes in der Kunst und speziell in der modernen Kunst begegnen. In einem zweiten Schritt frage ich dann, welche Bedeutung dem unsichtbaren Bild im Horizont eines protestantischen Bildverständnisses zukommt.

Unsichtbare Bilder in der modernen Kunst

Nicht nur das Sichtbare, sondern auch das Unsichtbare darzustellen, durch Sichtbares Unsichtbares vor Augen zu führen, in diesem Sinn unsichtbare Bilder zu schaffen, das hat Künstlerinnen und Künstler zu allen Zeiten beschäftigt und tut es bis heute. Im Mittelalter und der frühen Neuzeit ist das Bild des unsichtbaren Bildes von

Abb. 2: Umkreis des Bouciaut-Meisters, *Le Livre de Merveilles: Bildwunder*, 1411–12, Paris, Bibliothèque Nationale, fr. 2810, fol. 171v

Bedeutung vor allem als Metapher für die Unsichtbarkeit und das Geheimnis des Göttlichen. So wird Gott etwa – in Anlehnung an biblische Bilder – in Nebel gehüllt oder von einer Wolke umgeben dargestellt. Ein anderes beliebtes Motiv ist das velum (Vorhang oder Schleier), das – nach Gottes Weisung – bereits in der Stiftshütte des Alten Bundes das Heilige vom Allerheiligsten trennte. Was sich hinter dem Vorhang oder Schleier verbirgt, ist unsichtbar, unerfassbar, bleibt ein Mysterium. In der Auffassung des Mittelalters und bis in die frühe Neuzeit nimmt das Bild gleichsam den Platz des velums ein. Es bietet etwas zur Ansicht, hinter dem sich die unschaubare Natur Gottes verbirgt, es macht etwas sichtbar, das gleich einem Schleier vor dem Unsichtbaren liegt (Abb. 2).[7]

13

Die Darstellung einer hinter dem Sichtbaren liegenden Wirklichkeit bleibt auch ein Thema der Moderne, wobei diese Wirklichkeit nun nicht mehr ausschliesslich als göttliche gedeutet wird. Dabei haben es sich viele moderne Künstler zur Aufgabe gemacht, nicht nur mittels Symbolen (wie Wolke oder Schleier) auf diese unsichtbaren Bereiche der Wirklichkeit zu *verweisen*, sondern selber unsichtbare Bilder zu *schaffen*. Das unsichtbare Meisterwerk wird, wie jüngst Hans Belting vorgeschlagen hat, zu einer Art Leitthema der Moderne.[8]

Abb. 3: Pablo Picasso, Illustration zu Honoré de Balzac *Le chef-d'oeuvre inconnu*, Radierung, 1927

Eine relativ frühe Formulierung dieses Leitthemas ist Balzacs Künstlererzählung *Le chef-d'oeuvre inconnu (Das unbekannte Meisterwerk).*[9] Balzac lässt darin – die Geschichte handelt im Paris des 17. Jahrhunderts – den jungen Maler Nicolas Poussin und den Hofmaler Porbus mit einem alten Künstler namens Frenhofer zusammentreffen, der seit zehn Jahren an einem Frauenporträt arbeitet, das er bisher jedoch keinem Menschen gezeigt hat. Poussin brennt darauf, das unbekannte Meisterwerk zu sehen, was ihm schliesslich gewährt wird. Doch wie Frenhofer das Bild enthüllt, können er und Porbus darauf nur ein Gewirr von Linien und übereinandergeschichteten Farben erkennen (Abb. 3). Lediglich an einer Stelle ragt die Spitze eines nackten Frauenfusses «aus diesem Chaos von Farben, Tönen und unbestimmten Nuancen, dieser Art von Nebel ohne Form», hervor.[10] «Es ist eine Frau darunter», ruft Porbus, doch Poussin vermag nichts zu sehen und ruft aus: «Aber früher oder später wird er doch merken, dass nichts auf seiner Leinwand ist.»[11] Durch die Äusserung erwacht Frenhofer wie aus einem Traum und erkennt nun auch selbst, dass auf der Leinwand das in seiner künstlerischen Phantasie entworfene Bildnis nicht mehr sichtbar ist, dass er gleichsam ein unsichtbares Bild geschaffen hat. In der folgenden Nacht vernichtet er seine Bilder und stirbt.

Frenhofer scheitert bei dem Versuch, wirkliches Leben im Bild adäquat wiederzugeben. Dieses Leben bleibt in seiner Arbeit hinter einem Schleier von Formen und Farben versteckt, es bleibt unsichtbar, und doch ist es da, nämlich in der Einbildung des Künstlers. Was Balzac als Scheitern darstellt, führte zwei Generationen später zur Entstehung der abstrakten Kunst. Die Künstler entdeckten, dass das, was Leben ausmacht, dass jene unsichtbaren Seiten des Lebens wie Kraft, Energie oder Geist, mittels abstrakter Formen und Farben besser dargestellt werden konnten als durch ein Abtasten der Oberflächen der Dinge. Kasimir Malewitschs *Schwarzes Quadrat*, Barnett Newmans *Vir heroicus sublimis* – von Gottfried Boehm als «Epiphanie der Leere» diskutiert – oder Yves Kleins monochrome Bilder und Aktionen (Abb. 4) – um nur drei Beispiele zu nennen – sind Manifeste des Unsichtbaren oder Immateriellen, und zwar auf die Weise, dass sie das Unsichtbare nicht nur – als ein hinter einem Vorhang Befindliches – ahnen lassen, sondern vielmehr als Unsichtbares *zeigen*, und zwar in seiner doppelten Eigenschaft als Abwesendes und gleichzeitig Anwesendes.[12]

Wie ist dieses Paradoxon zu denken, wie muss man sich das im Bild vorstellen? Dazu als Beispiel – stellvertretend für viele, aber vielleicht einfacher als andere zu lesen – eine Plastik von Alberto Giacometti: *L'objet invisible (Mains tenant le vide) – Der unsichtbare Gegenstand (Hände, die Leere haltend)* von 1934 (Abb. 5). Der Titel des Werks benennt nicht, was das Werk uns wirklich zu sehen gibt: nämlich eine auf einem Stuhl sitzende Frau. Vielmehr deutet er auf jenen unsichtbaren Gegenstand oder jene Leere hin, die die Frau sorgsam in ihren Händen zu halten scheint. Giacometti wurde von verschiedenen Zeitgenossen danach gefragt, was man sich unter diesem unsichtbaren Objekt

Abb. 4: Yves Klein präsentiert das *Werk Intention picturale* in der Galerie Colette Allendy, Mai 1957, Film

Abb. 5: Alberto Giacometti, *Der unsichtbare Gegenstand (Hände, die Leere haltend)*, 1934–35, Bronze, Washington, D.C., National Gallery of Art

eigentlich vorstellen müsse: ein Kind, einen Ball, eine Urne, worauf der Künstler stets ausweichend antwortete. Der unsichtbare Gegenstand in den Händen der Frau verweist nicht auf etwas Abwesendes, sondern zeigt vielmehr die Leere als etwas Anwesendes, wenngleich Unsichtbares. Giacometti thematisiert hier den Raum als etwas, das nicht nur von den sichtbaren Objekten, die sich in ihm befinden, definiert wird, sondern ebenso von der unsichtbaren Leere zwischen den Objektes. Indem er mit dem Titel unsere Aufmerksamkeit vor allem auf diese Leere lenkt, erklärt er sie zum eigentlichen Bild: ein unsichtbares Bild, das von der Frau und ihren Händen gerahmt wird.

Martin Heidegger gelangt in einem kurzen Text mit dem Titel «Die Kunst und der Raum», der dem spanischen Bildhauer Eduardo Chillida gewidmet ist, zu einer ähnlichen Auffassung von Leere und Raum.[13] Die Leere – so sagt er, sei nicht nichts, auch kein Mangel, vielmehr spiele sie in der plastischen Verkörperung «in der Weise des suchend-entwerfenden Stiftens von Orten».[14] Entsprechend betrachtet er als das Eigentümliche der Plastik nicht deren Objektcharakter, sondern deren «verkörperndes Ins-Werk-Bringen von Orten und mit diesen ein Eröffnen von Gegenden möglichen Wohnens des Menschen, möglichen Verweilens der sie umgebenden, sie angehenden Dinge.»[15] So braucht – wie für Giacometti – auch für Heidegger eine Plastik nicht unbedingt Gestalt anzunehmen, auch als unsichtbares Bild stiftet sie Orte. Der Text schliesst mit dem Goethe-Zitat: «'Es ist nicht immer nötig, dass das Wahre sich verkörpere; schon genug, wenn es geistig umherschwebt und Übereinstimmung bewirkt, wenn es wie Glockenton ernstfreundlich durch die Lüfte wogt.'»[16] Eine Äusserung, die sich mit unserer Behauptung vom Anfang berührt, dass auch eine bilderlose Kirche ein Bild ist: ein unsichtbares Bild.

Das unsichtbare Bild als Thema protestantischer religiöser Kunst

Wenn ich oben behauptet habe, die Reformierten würden sehr wohl mit Bildern leben, so habe ich weniger an Beispiele von Kirchenkunst gedacht – die es zwar auch gibt –, als vielmehr an Werke autonomer Kunst. Luther hat die Kunst in die Freiheit entlassen, so die These von Werner Hofmann, die seiner Hamburger Ausstellung von 1983 mit dem Titel «Luther und die Folgen für die Kunst» zugrunde lag.[17] Ähnlich lässt Hans Belting in seinem Buch «Bild und Kult» mit der Reformation das Zeitalter der Kunst beginnen, in dem das Bild nicht mehr primär Gegenstand kultischer Verehrung ist, sondern neu als Kunstwerk bewertet wird.[18] Das schliesst nicht aus, dass auch fortan religiöse Kunst geschaffen wurde, allerdings nicht mehr ausschliesslich für den Auftraggeber Kirche, sondern darüber hinaus für den freien Markt. Eine protestantische religiöse Kunst ist vor allem im Bereich dieser freien, für den Privatgebrauch beziehungsweise für das Museum geschaffenen Kunst zu suchen, wofür ich stellvertretend die Namen von Künstlern wie Rembrandt, Caspar David Friedrich, Vincent van Gogh, Fritz von Uhde, Emil Nolde oder Augusto Giacometti nenne, die alle auf der Grundlage eines reflektiert protestantischen Selbstverständnisses gearbeitet haben. An zwei Beispielen möchte ich zeigen, welche Rolle die Metapher des unsichtbaren Bildes in solchen autonomen Werken protestantischer religiöser Kunst spielt. Das dritte Beispiel ist ein unsichtbares Bild, das jüngst in einer reformierten Kirche realisiert wurde.

Abb. 6: Rembrandt, *Die Heilige Familie*, 1646, Öl auf Holz, Kassel, Gemäldegalerie

Ich beginne mit Rembrandt, dessen Gemälde, Radierungen und Zeichnungen als Inbegriff protestantischer Kunst gelten. 1646 malt er eine *Heilige Familie*, ein Kabinettstück, wenig grösser als eine aufgeschlagene Hausbibel (Abb. 6). Dem intimen Format entspricht das intime Motiv: eine Frau, auf einer Bank sitzend, mit einem auf ihren Knien herumturnenden Kind, vor ihr am Boden ein offenes Feuer, eine Katze und eine Essschale, rechts im Hintergrund ein Mann, der Holz hackt. «Die Holzhackerfamilie» wird das Bild deshalb auch genannt. Eine Alltagsszene, nichts deutet darauf hin, dass es sich bei dem Kind um Jesus, bei der Frau um Maria, bei dem Mann um Joseph handelt. Als Jacob Burckhardt, mit einem an der italienischen Kunst geschulten Blick, das Werk sah, rief er aus: «Wenn das keine Profanation ist, was wäre noch eine?»[19] Rembrandt macht ernst mit der Idee der Menschwerdung Gottes, die Kurt Marti später zu der – Burckhardts Diktum ins Positive wendenden – Äusserung veranlasste: «Christus, die Befreiung der bildenden Künste zur Profanität.»[20]

Gleichwohl ist das Heilige, oder besser: ist Gott in Rembrandts Bildern nicht abwesend. Der gemalte Vorhang vor dem Bild ist dafür ein Indiz. Das Motiv kann verschieden gedeutet werden: als Trompe-l'oeil, als Verweis auf eine damals gängige Praxis, Bilder zu schützen, oder als Element, das das Bild kostbarer, interessanter und geheimnisvoller erscheinen lässt.[21] Für unsere Fragestellung wichtiger sind zwei andere Deutungen. Zunächst verhindert der Vorhang, dass wir das Bild mit der Wirklichkeit verwechseln oder ihr gleichstellen, was ja einer der Hauptgründe für das biblische Bilderverbot und für alle nachfolgenden Bilderstreite war. Wovor er zu hängen vorgibt, das ist ein Bild und nichts mehr, ein mit Farbe bemaltes Stück Holz.

Gleichzeitig verdeckt er einen Teil des Bildes und entzieht es unseren Blicken. Ist dahinter das Allerheiligste zu vermuten, übernimmt der Vorhang die Funktion des velums (vgl. Abb. 2)? Natürlich nicht. Was sich hinter ihm verbirgt, gehört keiner anderen Wirklichkeit an, als das, was derselbe Vorhang unseren Blicken freigibt. Und doch ist beides nicht einfach identisch. Das eine sehen wir, das andere nicht. Der Vorhang macht einen Teil des Bildes zu einem unsichtbaren Bild. Mit dem Motiv verweist der Künstler – wie auch mit dem Dunkel des Hintergrunds – auf jene unsichtbaren Seiten, die unsere Wirklichkeit ebenso bestimmen wie die sichtbaren. In der protestantischen Deutung der Welt durch Rembrandt, wohnt Gott nicht im Allerheiligsten, das ihn unseren Blicken entzieht, vielmehr ist er in den sichtbaren Dingen und Personen des Alltags anwesend, wenngleich selber unsichtbar.

Abb. 7: Vincent van Gogh, *Die Auferweckung des Lazarus (nach Rembrandt)*, 1890, Öl auf Leinwand, Amsterdam, Rijksmuseum Vincent van Gogh

Eine ähnliche Auffassung vertrat auch van Gogh. 1890 kopierte er Rembrandts grosse Radierung *Die Auferweckung des Lazarus*, allerdings nur einen Ausschnitt daraus (Abb. 7).[22] Er liess die dominante Figur Jesu weg und reduzierte die Schar der Zeugen, die der Auferweckung beiwohnen, auf lediglich zwei. Ausserdem veränderte er den Schauplatz des Geschehens, indem er den bei Rembrandt diffus wie-

Abb. 8: Katharina Grosse, *Liturgische Farben*, 2001, Lichtinstallation, Basel, Reformiertes Gemeindehaus Stephanus

dergegebenen, als Höhle zu interpretierenden Hintergrund in eine südfranzösische Landschaft verwandelte, mit einer gross am Himmel stehenden Sonne. Was beabsichtigte er mit diesen Veränderungen? Van Gogh stellt das Ereignis nicht als historisches, sondern als Ereignis im Hier und Jetzt dar. Im Zentrum seines Bildes steht nicht Jesu Handeln und Wirken, vielmehr deutet er die Szene als Alltagsszene. Das Wunder, das hier passiert, könnte auch das Wunder der Genesung eines Kranken sein, der von zwei Frauen umsorgt wird. Möglicherweise dachte der Maler dabei an sich selber. Wenngleich Jesus in van Goghs Bild unsichtbar ist, ist er für den Künstler doch präsent: in der Erinnerung an die Vorlage, im Wirken der Frauen, in der warmen, tröstenden Atmosphäre, die die Sonne ausstrahlt, in der fibrierenden, energiegeladenen Farbgebung.

Wie Rembrandt versucht auch van Gogh, im Sichtbaren das Unsichtbare mitdarzustellen, wobei er noch einen Schritt weiter geht als sein Vorbild, indem er auf jegliches historisches Personal verzichtet. In einem Briefwechsel, den er 1888/89 mit Émile Bernard führte, in dem es um die Frage nach den Möglichkeiten und Anforderungen einer modernen religiösen Kunst geht, vertritt van Gogh gegenüber den Katholiken Bernard und Gauguin die Ansicht, dass religiöse Erfahrungen heute ohne Rückgriff auf biblische Motive darzustellen seien, was er damit begründet, dass in dem, was der Augensinn erfassen könne, in den «sensations modernes possibles communes à nous tous», das Übersinnliche – wir könnten auch sagen, das Unsichtbare – mitenthalten sei.[23] Als Beispiel beschreibt er ein Bild von einer aufgehenden Sonne über einem Getreidefeld, in dem er versucht habe, eine Stimmung von Ruhe und Frieden wiederzugeben. Ein solches Motiv vermöge ebenso Trost zu vermitteln, wie eine Darstellung der Bergpredigt. Und das, was Jesus am Ölberg an Angst gelitten habe, sei viel direkter, als in einer Darstellung des historischen Gartens Gethsemane, spürbar in dem Bild, das er vom Garten des Krankenhauses gemalt habe, in dem er sich damals befand.[24]

Unser drittes Beispiel ist, wie gesagt, ein zeitgenössisches Werk, das jüngst in einer reformierten Kirche realisiert wurde. Mit dieser Arbeit soll einerseits eine Brücke zur Gegenwart geschlagen und andererseits die eingangs gestellte Frage aufgenommen werden, inwieweit sich Kunst, oder besser, welche Kunst sich mit einem reformierten Kirchenraum verträgt. Es handelt sich um eine Lichtarbeit, die Katharina Grosse 2001 für den Gottesdienstraum der Stephanusgemeinde in Basel geschaffen hat (Abb. 8).[25] Das Werk besteht aus einem Bühnenscheinwerfer, mit dem sich ein Lichtkegel auf eine Ecke des Kirchenraumes projizieren lässt. Vier verschiedene Farbfilter – grün, rot, violett und weiss – erlauben einen Wechsel der Farben, je nach Sonntag im Kirchenjahr. Bei unterschiedlicher Tages- oder Jahreszeit tritt dabei das Licht stärker oder schwächer in Erscheinung, der Raum wird entsprechend immer wieder anders wahrgenommen.

Die Gemeinde hat die Arbeit begeistert aufgenommen, gleichwohl stellten sich Fragen wie: Darf man das? Ist das nicht zu bunt für einen reformierten Kirchenraum? Lässt sich das vereinbaren mit einem reformierten Bildverständnis? Die Arbeit erlaubt ein intensives Farberlebnis, erzeugt gleichsam einen Farbenzauber, doch legt sie dessen Herkunft durch den unverdeckten Gebrauch der Bühnentechnik gleichzeitig offen. Es geht hier nicht um die Sichtbarmachung göttlicher Gegenwart, die Farben sind nicht Verkörperungen des Heiligen, die Künstlerin spricht von ihrem Werk als einem Katalysator spiritueller Erfahrungen. Das künstliche Licht der Arbeit verhält sich im Prinzip nicht anders als das Tageslicht, das durch die Fenster in den Gottesdienstraum eindringt, und mit dem es sich mischt. Auch das natürliche Licht kann spirituelle Erfahrungen auslösen. Naturlicht wie Kunstlicht, beide verweisen im Sichtbaren auf Unsichtbares, sind in diesem Sinne unsichtbare Bilder.

Grundzüge einer reformierten Ästhetik

Was verbindet die drei gezeigten Werke? Inwieweit sind in ihnen Grundzüge einer protestantischen oder reformierten Ästhetik zu erkennen? Natürlich bin ich mir bewusst, dass das Profil der drei Kunstwerke nicht allein konfessionell zu bestimmen ist, sondern stark auch von den zur Zeit ihrer Entstehung vorherrschenden Darstellungskonventionen geprägt ist. Gleichwohl, so meine ich, ist in ihnen auch eine spezifisch reformierte Ästhetik zu erkennen.

Die Heiligung des Alltags, dieser Schwerpunkt reformierter Ethik, ist zweifellos auch ein Hauptmerkmal reformierter Ästhetik. Sowohl Rembrandt als auch van Gogh interpretieren die biblischen Geschichten als alltägliche Ereignisse. Und doch sind es nicht bloss realistische Alltagsszenen, die sie uns zeigen. Vielmehr ist in diesen alltäglichen Szenen das Wirken Gottes spürbar, ist in dem Sichtbaren das Unsichtbare mitdargestellt. Ähnlich funktioniert Katharina Grosses Arbeit, die aus nichts anderem als dem natürlichen und alltäglichen Element Licht besteht, das jedoch spirituelle Erfahrungen ermöglichen kann.

Nicht das Licht, nicht die Farben von Grosses Arbeit an sich sind heilig, sondern das, was sie in uns auslösen. Heiligkeit ist, nach reformiertem Verständnis, nicht in den Dingen, an bestimmten Orten oder in den Bildern zu suchen, Heiligkeit ist für den Protestantismus vielmehr ein Geschehen, ein Prozess, im Sinne eines Geheiligtwerdens durch die Heiligkeit Gottes.[26] Reformierter Ästhetik entspricht es folglich, nicht heilige Personen darzustellen oder heilige Orte zu markieren, sondern Gotteserfahrung im Alltäglichen zu ermöglichen. Emil Nolde hat dies – auf sich bezogen – einmal folgendermassen formuliert: «Ich musste künstlerisch frei sein, – nicht Gott vor mir haben, wie einen stahlharten assyrischen Herrscher, sondern Gott in mir, heiss und heilig wie die Liebe Christi.»[27]

Ein weiterer Grundzug reformierter Ästhetik ist eine gewisse Schlichtheit oder Nüchternheit, die mit dem protestantischen Prinzip des Sola gratia in Verbindung gebracht werden können. Ob wir Menschen Gott nahe stehen, ob wir in den Himmel kommen, darüber entscheiden nicht wir mit unseren Werken, darüber entscheidet vielmehr allein die Gnade Gottes. Wir können diese Gnade nicht erkaufen, auch nicht mit schönen Kunstwerken. Schon gar nicht haben wir das Gelingen dieser Kunstwerke in der Hand. Der Münchner Künstler Thomas Lehnerer spricht in diesem Zusammenhang von der Armut der Kunst (in dem Sinn, dass sie sich unserer Kontrolle entzieht), worin er eine strukturelle Ähnlichkeit zum protestantischen Prinzip des Sola gratia erkennt. Mit der «Armut» reformierter Ästhetik verbindet sich die Vorstellung von etwas Vorläufigem, Provisorischem, nicht für alle Ewigkeit Gemachtem.[28]

Welche Bedeutung kommt, auf der Grundlage des bisher Gesagten, der Metapher des unsichtbaren Bildes für eine spezifisch reformierte Ästhetik zu? Ich habe am Anfang davon gesprochen, dass das aktuelle Interesse am Thema des Bilderverbotes, das das Gespräch zwischen Kunst und Kirche wieder in Gang gebracht hat, unter anderem der Wiederaufnahme von Traditionen der negativen Theologie zu verdanken sei. Aus protestantischer Sicht, so scheint mir, ist die Bedeutung dieser Tradition allerdings zu relativieren. Im Zentrum reformierter Ästhetik steht nicht die Darstellung Gottes als absolutes Geheimnis, als Unfassbarer, Verborgener, Unerkennbarer und wesentlich Anderer. Unsichtbare Bilder in reformierter Perspektive sind vielmehr Bilder, die ein Mehr zum Ausdruck bringen, die im Sichtbaren auf das Unsichtbare verweisen, Bilder, die Gott nicht als Abwesenden thematisieren, sondern als Anwesenden, wenngleich Unsichtbaren. Offenbarung in reformierter Sicht geschieht nicht im Modus der Bestreitung, sondern im Modus der Bejahung. Gott ist da, auch wenn wir ihn nicht direkt, sondern nur in seinen Werken sowie in unserem Handeln und Fühlen wahrnehmen können.

Abb. 9: Rembrandt, *Christus in Emmaus*, 1648, Öl auf Holz, Paris, Louvre

Ihre schönste Formulierung hat die Metapher des unsichtbaren Bildes in reformierter Perspektive wohl in Rembrandts Bild *Christus in Emmaus* von 1648 (Abb. 9) gefunden, mit dem ich schliessen möchte. Die für das unsichtbare Bild charakteristische Dialektik von Sichtbarem und Unsichtbarem findet sich bereits in der dem Bild zugrundeliegenden Erzählung, wonach die Jünger, die Jesus auf dem Weg nach Emmaus begegnen, ihn erst in dem Moment erkennen, da er bei ihnen zu Hause am Tisch das Brot bricht. Doch wie ihnen die Augen aufgehen und sie den Gast – am sichtbaren Zeichen des Brotbrechens – als ihren Herrn erkennen, da wird dieser – so beschreibt es der Evangelientext – vor ihnen unsichtbar (Lk 24, 30–31). Rembrandt stellt dies auf die Weise dar, dass er zwar Jesus mit den Jüngern am Tisch sitzend zeigt, gleichzeitig jedoch die obere Hälfte des Bildes leer lässt. Wer Jesu Gesicht erkannt hat und seinem nach oben gerichteten Blick folgt, wird auf einen Teil des Bildes verwiesen, wo ausser einer fleckigen Mauer, einer hohen Nische, einer Art bilderlosem Kirchenraum, nichts zu sehen ist. Er sieht ein unsichtbares Bild, das als Bild für das Unsichtbarwerden Jesu, für seine Anwesenheit als Auferstandener gedeutet werden kann. Dass es Dinge und Begebenheiten gibt, die wir erst sehen, wenn wir sie nicht mehr sehen, die als Unsichtbares jedoch im Sichtbaren mitenthalten sind, diese Kernaussage der Geschichte des Emmausmahls ist es, die als Erfahrung auch der Metapher des unsichtbaren Bildes zugrunde liegt.

------

[1]   Christoph Dohmen und Thomas Sternberg (Hg.), *... kein Bildnis machen. Kunst und Theologie im Gespräch*, Würzburg: Echter, 1987; «Bilderverbot und Gottesbilder», in: Kunst und Kirche, 1, 1993; Michael J. Rainer und Hans-Gerd Janssen (Hg.), «Bilderverbot», in: *Jahrbuch Politische Theologie*, 2, 1997; Eckhard Nordhofen (Hg.), *Bilderverbot. Die Sichtbarkeit des Unsichtbaren*, Paderborn: Schöningh, 2001.

[2]   U.a. Gottfried Boehm, «Die Lehre des Bilderverbotes», in: *Kunst und Kirche*, 1, 1993, S. 26–31; Gottfried Boehm: «Die Bilderfrage», in: Ders. (Hg.), *Was ist ein Bild?* München: Wilhelm Fink, 1994, S. 325–343.

[3]   U.a. Reinhard Hoeps, «Bild und Ikonoklasmus. Zur theologisch-kunsttheoretischen Bedeutung des Bilderverbotes», in: Christoph Dohmen und Thomas Sternberg (Hg.) 1987 (vgl. Anm. 1), S. 185–203; Reinhard Hoeps, «Gebirgslandschaft mit Bilderstreit. Braucht die Theologie die Kunst?», in: *Theologische Revue*, 5, 2000, S. 355–366.

[4]   Eckhard Nordhofen, *Der Engel der Bestreitung. Über das Verhältnis von Kunst und Negativer Theologie*, Würzburg: Echter, 1993; Willi Oelmüller, *Negative Theologie heute. Die Lage der Menschen vor Gott*, München: Wilhelm Fink, 1999.

[5]   Paul Tillich, *Die religiöse Substanz der Kultur. Schriften zur Theologie der Kultur* (Gesammelte Werke, Bd. 9), Stuttgart: Evangelisches Verlagswerk, ²1975; Albrecht Grözinger, *Praktische Theologie und Ästhetik. Ein Beitrag zur Grundlegung der Praktischen Theologie*, München: Kaiser, ²1991 (¹1987); Albrecht Grözinger, *Praktische Theologie als Kunst der Wahrnehmung*, Gütersloh: Kaiser/Gütersloher Verlagshaus, 1995; Jérôme Cottin, *Das Wort Gottes im Bild. Eine Herausforderung für die protestantische Theologie*, Göttingen: Vandenhoeck & Ruprecht, 2001 (franz.: *Le regard et la Parole. Une théologie protestante de l'image*, Genf: Labor et Fides, 1994). Das Verhältnis des Protestantismus zum Bild in historischer

19

Perspektive diskutiert: Bernard Reymond, *Le protestantisme et les images. Pour en finir avec quelques cli-chés*, Genf: Labor et Fides, 1999.

[6] Siehe u.a. Cécile Dupeux, Peter Jezler und Jean Wirth (Hg.), *Bildersturm. Wahnsinn oder Gottes Wille?* Ausst.kat. Bern (Bernisches Historisches Museum), Strassburg (Musée de l'Oeuvre Notre-Dame) 2000, München: Wilhelm Fink, 2000.

[7] Klaus Krüger, *Das Bild als Schleier des Unsichtbaren. Ästhetische Illusion in der Kunst der frühen Neuzeit in Italien*, München: Wilhelm Fink, 2001; Gerhard Wolf, *Schleier und Spiegel. Traditionen des Christusbildes und die Bildkonzepte der Renaissance*, München: Wilhelm Fink, 2002; David Ganz et al. (Hg.), *Ästhetik des Unsichtbaren. Bildtheorie und Bildgebrauch in der Vormoderne*, Berlin: Reimer, 2004.

[8] Hans Belting, *Das unsichtbare Meisterwerk. Die modernen Mythen der Kunst*, München: Beck, 1998.

[9] Honoré de Balzac, *Das unbekannte Meisterwerk* (1831), Frankfurt am Main: Insel, 1987.

[10] Ebenda, S. 109.

[11] Ebenda, S. 110 und 114.

[12] Belting 1998 (vgl. Anm. 8), S. 341-348 (zu Malewitsch); Gottfried Boehm, «Die Epiphanie der Leere. Barnett Newmans Vir heroicus sublimis», in: Nordhofen (Hg.) 2001 (vgl. Anm. 1), S. 39–57; Denys Riout, *Yves Klein. Manifester l'immatériel*, Paris: Gallimard, 2004.

[13] Martin Heidegger, *Die Kunst und der Raum*, St. Gallen: Erker, [2]1983 ([1]1969).

[14] Ebenda, S. 12.

[15] Ebenda, S. 13.

[16] Ebenda, S. 13.

[17] Werner Hofmann (Hg.), *Luther und die Folgen für die Kunst*, Ausst.kat. Hamburg (Hamburger Kunsthalle), 1983/84, München: Prestel, 1983.

[18] Hans Belting, *Bild und Kult. Eine Geschichte des Bildes vor dem Zeitalter der Kunst*, München: Beck, 1990.

[19] Notiz von Jacob Burckhardt aus dem Jahr 1875, anlässlich einer Galeriereise, die ihn unter anderem nach Kassel führte, wo er Rembrandts Bild sah (Staatsarchiv Basel, PA 297.41). – Zu Burckhardts Kritik an Rembrandt siehe Johannes Stückelberger, *Rembrandt und die Moderne. Der Dialog mit Rembrandt in der deutschen Kunst um 1900*, München: Wilhelm Fink, 1996, S. 232–249.

[20] Kurt Marti, «Christus, die Befreiung der bildenden Künste zur Profanität», in: Evangelische Theologie, 18, 1958, S. 371–375.

[21] Ein ausführliche Diskussion dieses Motivs findet sich in: Wolfgang Kemp, *Rembrandt. Die Heilige Familie oder die Kunst, einen Vorhang zu lüften*, Frankfurt am Main: Fischer, 1986, speziell S. 21-69.

[22] Zu van Goghs Rembrandt-Rezeption und allgemein zur Bedeutung Rembrandts für die Moderne, siehe Stückelberger 1996 (vgl. Anm. 19), S. 28–29. – Allgemein zu van Goghs Kopien nach Werken älterer Künstler: Cornelia Homburg, *The copy turns original. Vincent van Gogh and a new approach to traditional art practice*, Amsterdam, Philadelphia: Benjamins, 1996.

[23] Brief von Anfang Dezember 1889 an Émile Bernard: Georges Charensol (Hg.), *Correspondance complète de Vincent van Gogh*, 3 Bde., Paris 1960, Bd. 3, S. 414 (B 21).

[24] Ebenda, S. 414.

[25] Johannes Stückelberger, «Kunst für die Kirche. Die künstlerische Neugestaltung des reformierten Gemeindehauses Stephanus in Basel», in: Christoph Merian Stiftung (Hg.), *Basler Stadtbuch 2002*, Ausgabe 2003, 123. Jahr, Basel: Christoph Merian Verlag, 2003, S. 234–238.

[26] Bernard Reymond, «Zur Theologie des Gottesdienstraums», in: Matthias Zeindler (Hg.), *Der Raum der Kirche. Perspektiven aus Theologie, Architektur und Gemeinde*, Horw: Edition SSL, 2002, S. 12–29, S. 19.

[27] Emil Nolde, *Jahre der Kämpfe*, Berlin: Rembrandt-Verlag, 1934, S. 189.

[28] Von der strukturellen Änlichkeit zwischen der Kunst und dem protestantischen Prinzip des Sola gratia spricht Thomas Lehnerer in einem 1993 gehaltenen Vortrag über «Kunst und Religion», in Auszügen veröffentlicht in: Thomas Lehnerer, *Lesebuch*, Ostfildern-Ruit: Cantz, 1996, S. 45–47, speziell S. 45. – Zu Lehnerers Auffassung von der Armut der Kunst, siehe: *Thomas Lehnerer. Homo pauper*, mit einem Gespräch zwischen Thomas Lehnerer und Johannes Stückelberger, hg. von Johannes Stückelberger, Ausst.kat. Basel (Museum für Gegenwartskunst), 1993, Ostfildern: Cantz, 1993.

Warten auf Gottes Kommen
Zur Theologie des Bilderverbotes
Matthias Zeindler

Die Freiheit des rettenden Gottes: das Bilderverbot in der Bibel

Das Bilderverbot steht im Alten Testament im Rahmen der zehn Gebote (Dekalog). Nach der hebräischen Zählung, der auch die Zürcher Bibel folgt, ist es das zweite Gebot. Dieser Kontext ist für das Verständnis des Bilderverbots von entscheidender Bedeutung.

Zum Kontext gehört auch der Vorsatz oder die Präambel des Dekalogs. In der Präambel wird die Voraussetzung genannt, unter der die folgenden Gebote formuliert sind und von der her sie verstanden werden wollen. Sie lautet: «Ich bin Jahwe, dein Gott, der dich aus Ägypten geführt hat; aus dem Sklavenhaus» (2. Mose 20,2). Auf diesen Vorsatz folgt dann das erste Gebot: «Du sollst neben mir keine anderen Götter haben.» Und danach das zweite: «Du sollst dir kein Gottesbild machen.»

Die Präambel des Dekalogs ist zunächst einmal eine Selbstvorstellung Gottes: Er ist derjenige Gott, der Israel aus der Sklaverei des Pharao befreit hat. Gleichzeitig sind damit auch die Adressaten der folgenden Gebotsreihe bestimmt, nämlich jenes Volk, das von diesem Gott aus der Gefangenschaft in die Freiheit versetzt worden ist. Die zehn Gebote richten sich demnach an ein freies Volk, das seine Freiheit dem Handeln dieses Gottes verdankt.

Genau auf die damit bestimmte Freiheit beziehen sich nun auch die zehn Gebote. Das mag dem gängigen Verständnis von Geboten und Gesetzen widersprechen, demgemäss zwischen Freiheit und Gebot eher ein Gegensatz besteht. Einem vertieften Nachdenken erschliesst sich aber schnell, dass allgemein Gesetze und Gebote dazu dienen, in einer Gesellschaft ein freies Zusammenleben aller zu gewährleisten. Mit den zehn Geboten gibt Gott seinem Volk demnach einen Kodex von Regeln an die Hand, durch welche die von ihm begründete Freiheit erhalten bleiben soll. Sie dienen, mit einer Formel des Alttestamentlers Frank Crüsemann, der «Bewahrung der Freiheit».[1] Mit ihrer Hilfe soll in Israel eine gesellschaftliche Ordnung gewährleistet werden, in der alle davor bewahrt sind, wie einst als Sklaven in Ägypten abhängig und ausgebeutet zu werden. Wenn beispielsweise das Stehlen verboten wird, dann will dies das für eine freie Existenz unabdingbare persönliche Eigentum schützen. Oder wenn die falsche Zeugenaussage vor Gericht untersagt ist, dann soll damit eine verlässliche, gerechte Rechtspraxis garantiert werden. Unschwer lässt sich bei jedem der Dekaloggebote dieser Freiheitssinn aufweisen.

Der durch die Präambel vorgegebene Freiheitssinn des Dekalogs liefert auch die Interpretationsrichtung für das Bilderverbot – auch mit ihm soll ein bestimmter Aspekt der von Gott begründeten Freiheit bewahrt werden. Welcher, darüber gibt der engere Kontext des zweiten Gebots mehr Aufschluss. Die ersten vier Gebote des Dekalogs – das Fremdgötterverbot, das Bilderverbot, das Verbot des Missbrauchs von Gottes Namen und das Sabbatgebot – regeln Israels Gottesverhältnis, während die restlichen sechs sich mit dem zwischenmenschlichen Bereich befassen. Dem ersten Gebot kommt dabei nochmals eine herausragende Stellung zu. «Du sollst neben mir keine andern Götter haben»: Die Ausschliesslichkeit, mit welcher Israel hier auf den Gott verpflichtet wird, dem es seine Freiheit verdankt, ist der Kern alles weiteren, alles weitere also im Grunde Explikation dieser Verpflichtung. Denn Verpflichtung auf diesen Gott und Erhalt der von ihm gewährten Freiheit sind eins.

Auch das Bilderverbot expliziert das Fremdgötterverbot nach einer bestimmten Richtung. Um seinen spezifischen Freiheitssinn in den Blick zu bekommen, muss man das Gebot in ausführlicher Gestalt beachten: «Du sollst dir kein Gottesbild machen und keine Darstellung von irgend etwas am Himmel droben, auf der Erde unten oder im Wasser unter der Erde. Du sollst dich nicht vor anderen Göttern niederwerfen und dich nicht verpflichten, ihnen zu dienen» (2. Mose 20,4–5). Das Bild, worum es hier geht, ist offensichtlich ein Gottesbild, vor dem man sich betend verbeugt – ein Kultbild. Das Verbot richtet sich somit nicht gegen jegliches Bild, sondern gegen das Bild, dem religiöse Mächtigkeit zukommt. Es ist deshalb verfehlt, das Verbot des Gottesbildes als Ausdruck eines «geistigeren» Gottesverhältnisses in Israel zu deuten. Im Vorderen Orient der damaligen Zeit ist das Gottesbild der Normalfall. Das Verhältnis von Gottheit und Bild wurde so gedacht, dass die Gottheit vom Bild Besitz ergreift, im Bild Wohnung nimmt. Obwohl also durchaus zwischen Gott und Bild unterschieden wurde, war die Gefahr der Identifikation von beidem nicht zu vermeiden. Damit aber auch die Gefahr, dass die Gottheit im Bild zu Handen und deshalb verfügbar war. Wenn der Gott Israels deshalb seinem Volk jede Anbetung eines Gottesbilds verbietet, dann gebietet er, ihn in seiner Freiheit zu belassen. Gott geht in kein Bild ein, er geht auch in keinem Bild auf, er sprengt jegliches Bild.

Wohlgemerkt: Untersagt werden hier nicht Bilder von Fremdgöttern, sondern Bilder Jahwes, des Gottes Israels. Das Gebot wendet sich damit gegen den Drang dieses Volkes, seinen Gott ins Bild zu fassen, wie dies andere Völker mit ihren Göttern auch tun. Das Bilderverbot bezieht sich «nicht auf die heidnische Andersheit, sondern auf die Gewalt des eigenen imaginären Exzesses».[2] Nur wo Israel die Freiheit seines Gottes anerkennt, nur wo es darauf verzichtet, ihn in der Form der Abbildung zu limitieren, nur dort bleibt ihm seine eigene Freiheit erhalten. Denn nur dort bleibt Gott auch frei dazu, Israel seine Freiheit von der Sklaverei immer wieder zu gewähren. Nur ein freier Gott kann Freiheit geben. Deshalb ist es in Israels ureigenem Interesse, dass es sich der Begrenzung der göttlichen Freiheit durch die bildnerische Fixierung enthält.

In 5. Mose 4 verweist Gott als Begründung für das Bilderverbot darauf, dass Israel bei der Gottesoffenbarung am Sinai keine Gestalt gesehen, wohl aber seine Stimme gehört habe. Der freie Gott, so die Antithese, begegnet also nicht im Bild, sondern im Wort, nicht durch das Sehen, sondern das Hören. Dass auch das Wort missbrauchbar sein kann, ist dabei im Dekalog selbst präsent, wenn im dritten Gebot der Missbrauch des Gottesnamens verboten wird. Zu Israels Zeit kann damit Magie, ungerechtfertigtes Verfluchen oder Meineid im Namen Jahwes gemeint sein. Heute mag man dabei an politische Instrumentalisierungen Gottes oder an ökonomische Verzweckung religiöser Bestände in der Werbung denken. Die Pointe des Gebotes ist wiederum die, dass auch die sprachliche Repräsentation Gottes nicht zur Durchsetzung menschlicher Interessen dienen darf.

Gott im Herzen statt Götzen vor Augen: das Bild in der Reformation

Die Diskussion des biblischen Bilderverbots hat sich in der Geschichte der Kirche stets um seinen theologischen Status und um seine religiöse Mächtigkeit gedreht. Um Kunst im neuzeitlichen Sinne ging es darum nie. Das gilt es auch im Blick zu behalten, wenn man die Auseinandersetzungen um das kirchliche Bild in der Reformationszeit zu verstehen sucht.

Bei diesem Stichwort fällt einem in der Regel eines ein: der Bildersturm, die tumultuarische oder geregelte Ausräumung von Kirchen und die Zerstörung oder Verbrennung unzähliger Statuen, Bilder und liturgischer Geräte. Bei der Deutung der Bilderstürme muss man ein Doppeltes beachten. Zum einen erlebt man im Spätmittelalter, am Vorabend der Reformation, einen Wandel im Bildverständnis: Statt als blosse Abbildung verstanden zu werden, wuchs dem Bild zunehmend wieder ein kultischer Stellenwert zu, der noch verstärkt wurde durch eine starke Visualisierung des kirchlichen Gottesdienstes.[3] Bildkritik reagierte hier auf einen sich verändernden theologischen und frömmigkeitspraktischen Status des Bildes. Zum andern entfaltete sich in dieser Zeit ein inflationäres Stiftungswesen, im Zuge dessen eine Unzahl von Kirchen, Kapellen, Altären und Bildnissen entstanden. Während Stiftungen von den wirtschaftlich Privilegierten eingerichtet wurden, hatte die Bevölkerung die Folgen in Form von immer zahlreicheren Abgaben und Steuern zu tragen.[4] In diesem Kontext hatten die Bilderstürme auch sozialrevolutionäre Züge, sie zielten auf religiöse Bilder als Symbole von kirchlichem Luxus und ökonomischer Ungleichheit.[5]

Die Reformatoren Luther, Zwingli und Calvin gingen mit den Bilderstürmern in ihrer Ablehnung des religiösen Bildes einig, sie wandten sich aber allesamt gegen die ungeordneten Zerstörungszüge. Grund dafür war einmal sicher das Bemühen, das Geschehen nicht aus dem Ruder laufen zu lassen. Wichtiger aber war ihnen, dass in der Beseitigung der Bildnisse die wesentlichen theologischen Motive zur Geltung kamen. Und hier stand wiederum die rechte Gottesverehrung im Vordergrund, die in ihren Augen grundsätzlich eine bildlose Verehrung zu sein hatte. Für Zwingli war dabei tragend die Unterscheidung von Geist und Fleisch: «Gott ist Geist, und alle, die ihn anbeten, müssen im Geist und in der Wahrheit anbeten» (Johannes 4,24). Calvin denkt, wie in seinem gesamten theologischen Entwurf, von der Ehre und Majestät Gottes her. Das Gottesbild verführt zum Irrtum, Gott sei in einer bildlichen Darstellung fassbar, weswegen eine bildnerische Vergegenwärtigung notwendig einer Beleidung Gottes gleichkommt. Bei beiden Reformatoren, das ist deutlich, geht es nicht um das Bild an sich, sondern um das Gottesbild. Und beide erfassen damit den Kern des biblischen Bilderverbots sehr präzis. Das bestätigt sich nicht zuletzt darin, dass es die Reformation war, welche dem Wort als dem primären Medium religiöser Kommunikation zum Durchbruch verholfen hat.

Wider die Domestizierung Gottes: zum Kerngehalt des Bilderverbots

Nach dem Durchgang durch die biblischen Wurzeln und historischen Aneignungen des Bilderverbots wird man zuerst nochmals zu unterstreichen haben, dass dabei nicht eine ästhetische, sondern eine religiöse Frage zur Debatte steht. Und diese Frage ist, auch das sei nochmals festgehalten, diejenige der Freiheit Gottes als Bedingung menschlicher Freiheit. Im Bilderverbot geht es um das Verhältnis Gottes zum Menschen und des Menschen zu Gott. Die dabei angepeilte Beziehung sei an drei Punkten noch etwas vertieft:

a. Die Negation des Gottesbildes bedeutet positiv, dass Gott selbst es ist, der sich den Menschen bekannt macht. Die christliche Tradition hat dies im Begriff der Offenbarung gefasst und damit zum Ausdruck gebracht, dass das Verhältnis zwischen Mensch und Gott sich primär immer Gott verdankt. Bei ihm liegt die Initiative, und auch durch seine Offenbarung geht er nicht in die Verfügungsmacht des Menschen über. Diese bleibende Freiheit Gottes lässt sich auch in dem Satz ausdrücken, dass selbst der offenbare Gott uns ein Geheimnis bleibt. Geheimnis in dem Sinne, dass er stets noch mehr ist als alles, was wir von ihm erfahren und zu artikulieren vermögen. Selbst in seiner Offenbarung ist Gott auch der sich Entziehende.

b. Religion in der Neuzeit wird vom Verdacht verfolgt, dass Gott lediglich menschliche Projektion sei. Als erster formuliert hat diesen Verdacht Ludwig Feuerbach, Marx, Nietzsche und Freud haben ihn in jeweils spezifischer Form aufgenommen. Auch wenn man sich dem Urteil dieser grossen «Verdächtiger» nicht anschliesst, Religion sei mit der Projektionsthese erledigt, muss man zugeben, dass in der Tat keine Religion davor gefeit ist, blosser Ausdruck menschlicher Nöte und Wünsche zu sein. Ein selbstkritischer Glaube kann sich hier nicht verschliessen, ja, er wird sich diese Kritik in seinem eigenen Interesse zu Eigen machen.

Interpretiert man nun das Bilderverbot als Bewahrung der Freiheit Gottes vor menschlicher Verzwecklichung, dann erkennt man, dass das Wissen um die Projektionsgefahr im biblischen Glauben immer schon präsent war. Immer schon war Israel in der Gefahr, ein goldenes Kalb zu bauen, statt sich mit dem unverfügbaren Wort seines Gottes zu begnügen. Damit bekommt aber das Bilderverbot eine bestürzende Aktualität. Muss man sich als Glaubender stets gefährdet wissen von der Tendenz, an die Stelle Gottes einen nach dem Bild der eigenen Bedürfnisse modellierten Götzen zu setzen, dann ist mit dem Bilderverbot ein Widerlager gegen diese Tendenz in diesen Glauben mit eingebaut. Das Bilderverbot schärft in diesem Kontext ein, nicht Illusionen eigener Glücks- und Heilsideale anzuhängen, statt in der von Gott begründeten Freiheit zu leben.

c. Das Bilderverbot öffnet die Augen dafür, dass der Mensch grundsätzlich ein Produzent von Gottesbildern ist. Zwar ist Religion nicht denkbar, ohne dass Menschen sich Vorstellungen, Bilder von Gott machen. Das Verhängnis beginnt, wo das Bild mit Gott selbst verwechselt wird.

Die biblischen Zeugnisse über Bildnisse Gottes zeigen aber nicht nur die anthropologische Unausweichlichkeit des Gottesbildnisses, sie zeigen darüber hinaus den penetranten menschlichen Drang, Gott – in welcher Form auch immer – zum Vehikel bei der Durchsetzung eigener Interessen zu machen. Man kann hier von einer «Domestizierung» Gottes sprechen, von einer Anpassung an und Vereinnahmung für menschliche Projekte. Die Bibel lässt keinen Zweifel darüber offen, dass der Mensch dadurch nicht nur gegen Gott verstösst, sondern sich damit auch selbst schädigt. Denn nochmals: Nur in Gemeinschaft mit dem freien Gott gewinnt auch der Mensch seine Freiheit.

Zur bildnerischen Realisierung des Bilderverbots

Steht es so mit dem Bilderverbot, dann kommt die reformierte Bildlosigkeit in ein neues Licht zu stehen. Den Verzicht auf Bilder kann man dann nicht mehr als Banausentum und Kunstfeindschaft interpretieren, und schon gar nicht als mangelnde Ästhetik. Die reformierte Bildlosigkeit ist im Gegenteil eine reflektierte theologische Ästhetik. Ihr zentraler Gehalt: Einem Gott, der in keinem Bild endgültig fassbar ist, weil er selbst sich unter den Menschen bekannt macht, korrespondiert eine Ästhetik, welche sich für das Kommen Gottes offenhält. Diese Ästhetik der Leere ist dann aber gerade keine Ästhetik der Abwesenheit, sondern eine Ästhetik der Offenheit und der Erwartung. In ihr gewinnt die Hoffnung Gestalt, dass Gott selbst sich vergegenwärtigen werde.

Eine solche Ästhetik schliesst das Bild nicht aus – hier wäre die traditionelle reformierte Einstellung zum Bild zu korrigieren. Dieses Bild wird aber der reformierten Ästhetik der Erwartung entsprechen, indem es selbst ein spezifischer Ausdruck der darin artikulierten Erwartung ist. Das impliziert als ästhetische Aufgabe und Herausforderung ein Bild, welches die im Bilderverbot ausgedrückte Offenheit für das Kommen Gottes gestaltet, eine Kunst, in der die Abwesenheit des Absoluten, das Warten auf Gott und die sich daraus ergebende Unabgeschlossenheit ihrer selbst mit thematisiert ist. Anders gesagt: Das Bilderverbot impliziert eine Kunst, welche das eigene Transzendiertwerden durch das Kommen Gottes zum Ausdruck bringt.[6]

---

1 Die Bewahrung der Freiheit. Das Thema des Dekalogs in sozialgeschichtlicher Perspektive, München 1983.

2 Slavoj Žižek: Die gnadenlose Liebe, Frankfurt a.M. 2001, 162.

3 Dazu Jérôme Cottin: Das Wort Gottes im Bild. Eine Herausforderung für die protestantische Theologie, Göttingen 2001, 222–230.

4 Peter Jezler/Elke Jezler/Christine Göttler: Warum ein Bilderstreit? Der Kampf gegen die «Götzen» in Zürich als Beispiel, in: Hans-Dietrich Altendorf/Peter Jezler (Hg.): Bilderstreit. Kulturwandel in Zwinglis Reformation, Zürich 1984, 83–102.

5 Cottin, a.a.O., 242f.

6 Zu bildnerischen Realisierungen des Bilderverbots vgl. Reinhard Hoeps: Bild und Ikonoklasmus. Zur theologisch-kunsttheoretischen Bedeutung des Bilderverbots, in: Christoph Dohmen/Thomas Sternberg: …kein Bildnis machen. Kunst und Theologie im Gespräch, Würzburg 1987, 185–203. 192–201.

Die Predigerkirche
Aufnahme Ende 19. Jahrhundert

Ein offener Raum

Ort und Geschichte der Predigerkirche
Daniel Lienhard

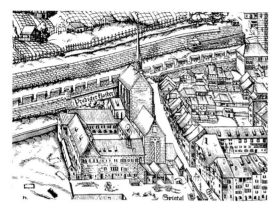

Das Predigerkloster auf der Stadtansicht von
Jos Murer, 1576

Nur wenige Jahre nach der Gründung des Predigerordens lassen sich die ersten Dominikaner in Zürich nieder. 1231 beginnen sie mit dem Bau der Predigerkirche. Die turmlose, romanische Bettelordenskirche wird nicht als Pfarrkirche, sondern als Kirche für die ganze Stadt gebaut. Die selbstbewussten Dominikaner wollen die Zürcher vor allem durch eine hochstehende Predigtkultur erreichen, weshalb für sie die Bildung einen hohen Stellenwert hat – einen höheren offensichtlich als das für einen Bettelorden ebenfalls zentrale Gebot der Armut.

Der Predigerchor um 1700 (aus dem
Regimentsbuch von Gerold Escher)

Vermutlich in der Folge eines Brandes wird die Predigerkirche um 1330 durch einen gotischen Chor erweitert. Mit diesem Bau geben die Dominikaner ihre Zurückhaltung bezüglich der Architektur ihrer Kirchen gänzlich auf. Es ist ein ehrgeiziges, grosses Projekt, das mit Elan gestartet wird. Mitten im Bau verändern sich aber die politischen und wirtschaftlichen Verhältnisse, und der Bau wird eingestellt. Als der Chor 20 Jahre später fertiggestellt wird, spart man, wo man kann.

Die frühbarocken Stukkaturen prägen heute
noch den Innenraum der Predigerkirche.

Als 1524 im Zuge der Reformation die Bettelorden aufgehoben werden, wird das Dominikanerkloster dem benachbarten Spital angegliedert und die Kirche profaniert. Kirchenschiff und Chor werden durch eine Wand getrennt. In den Chor werden hölzerne Zwischenböden eingezogen und Korn eingelagert. Die Kirche wird fortan als Trotte genutzt. Fünf grosse Weinpressen werden im Kirchenschiff betrieben. 150 Jahre später wird das Schiff der ehemaligen Klosterkirche zur Pfarrkirche der neuen reformierten Kirchgemeinde Niederdorf bestimmt. Beim dazu vorgenommenen Umbau im frühbarocken Stil erhält der Kirchenraum das Gesicht, das ihn heute noch im Wesentlichen prägt.

27

Die heutige Predigerkirche knüpft in ihrem Selbstverständnis ans Erbe ihrer Gründer an. Sie versteht sich als «auberge spirituelle» und baut ihre Arbeit auf dem Prinzip der Gastfreundschaft auf. Heute ist die Predigerkirche wieder mehr Kirche für die ganze Stadt denn Gemeindekirche im traditionell reformierten Sinn. Sie ist tagsüber immer geöffnet und bietet sich deshalb nicht nur als Sonntags-, sondern immer stärker auch als Werktagskirche an. Ob durch das tägliche Mittagsgebet, das Gesprächs- und Beratungsangebot der Ökumenischen Seelsorge an den Werktagen oder die «Bibliathek», die Handbibliothek zu religiösen Themen – überall geht es darum, in der Hektik der Stadt einen offenen Raum der Ruhe und Andacht zur Verfügung zu stellen.

Die Predigerkirche heute: Im Vordergrund die «Bibliathek», im Hintergrund die ökumenische Seelsorgestation.

Und wenn nach einem Gottesdienst am langen Tisch im Seitenschiff gemeinsam gegessen und getrunken wird, dann atmet die Predigerkirche wieder den Geist ihrer Gründer. Als Folge ihrer gastfreundschaftlichen Ausrichtung arbeitet die Predigerkirche inzwischen stark ökumenisch und pflegt einen intensiven Kontakt vor allem zur kleinen Dominikanergemeinschaft, die sich wieder in Zürich angesiedelt hat. Ausserdem pflegt Predigern den regelmässigen interreligiösen Dialog, dies vor allem mit der Jüdischen Liberalen Gemeinde Or Chaddasch, der bosnischen Moschee in Schlieren und dem tamilischen Hindu-Tempel in Adliswil.

Essen am langen Tisch im Seitenschiff – Klosteratmosphäre in einer reformierten Kirche mitten in der Stadt.

Ein profanes, aber deutliches Zeichen für die Offenheit der Kirche sind ihre verschmutzten Wände. Wo Türen offen stehen, dringt auch die Stadtluft vermehrt ein und damit Russ und Teer.

Was liegt damit näher, als das Wort, dem die Predigerkirche seit ihrer Gründung verpflichtet ist, in den Staub ihrer alltagsschmutzigen Wände zu schreiben? Sprache wird hier sichtbar gemacht nicht durch das Hinzufügen, sondern durch das Wegnehmen einer Schicht.

In den Staub der Stadt und der Kirche geschrieben...

In den Staub der Stadt...

... und der Kirche geschrieben

In den Staub geschrieben

Zur Arbeit von Klaus Merz und Daniel Lienhard in der Zürcher Predigerkirche

Juliane Hartmann, Pfarrerin, Johannes Stückelberger, Kunsthistoriker

Die Arbeit in der Zürcher Predigerkirche entstand in Zusammenarbeit zwischen dem Schriftsteller Klaus Merz und dem Illustrator Daniel Lienhard, angeregt und begleitet wurde sie von Martin Rüsch. Auf den Wänden der Kirche erscheinen Gedichte von Klaus Merz, die in den Staub geschrieben sind, nicht aufgemalt, sondern sichtbar gemacht, indem da, wo die Buchstaben stehen, der Staub von der Wand gewischt wurde.

Staub

Staub gibt es überall, wie von selber. Mir ist ein Rätsel, wo er jeweils herkommt – wie aus dem Nichts erscheint er und legt sich auf alles.

Ist Staub Materie – ist er unsere Umwelt in kleinsten Teilen, die sich dann langsam und stetig auf allem ablagern, was uns umgibt?

Staub ist für uns vor allem überflüssig und ärgerlich – der Gegner vieler Hausmänner und Hausfrauen im Kampf um Sauberkeit.

Der Dreck muss weg – so heisst im Haushalt die Devise.

Aber hier muss nicht aller Dreck, hier darf sogar nicht aller Dreck weg – sondern nur der Dreck an bestimmten Stellen.

Die sauber geputzten Stellen sind es, die wir lesen können – aber ihre Botschaft können sie nur vermitteln, weil auch noch Dreck übrig blieb: erst durch den sie umgebenden Staub wird die Botschaft sichtbar – sonst stünde sie unsichtbar, unlesbar im Nichts, ginge auf in der sauberen Wand. Erst durch die Differenz zwischen sauber und dreckig, durch den Unterschied zwischen Nichts und Etwas, erst durch die Spannung entstehen Worte, die zu mir sprechen.

Die Arbeit erinnert mich daran, wie eine Skulptur entsteht. Der Bildhauer arbeitet mit Stein oder Holz ja ebenfalls so, dass er nicht hinzufügt, sondern wegnimmt, dass er die Form aus dem Material herausholt. Laut einem der Ursprungsmythen der Kunst ist das Kunstwerk in der Natur bereits vorhanden, und die Aufgabe des Künstlers besteht darin, es sichtbar zu machen. Ähnlich hat Leonardo den angehenden Malern empfohlen, eine fleckige Mauer zu betrachten und sich von ihr für neue Arbeiten inspirieren zu lassen. Die Wand als Projektionsfläche für Gedanken und Bilder. Das In-den-Staub-Schreiben spinnt diese Idee weiter. Etwas wird sichtbar gemacht, das bisher an dieser Stelle zwar unsichtbar, aber als Möglichkeit doch irgendwie da war. Der Raum der Predigerkirche ist, in reformierter Tradition, weitgehend bilderlos. Auf der staubigen Wand ist nichts zu sehen, ist nichts dargestellt, und doch ist sie voll von Bildern, von jenen unsichtbaren Bildern, die im Staub schlummern.

In der Kirche hat jemand an die Wand geschrieben: Graffiti, denke ich zuerst.

Aber dann merke ich: in den Staub geschrieben – das ist alles andere als Graffiti: Worte werden sichtbar und lesbar, nicht weil jemand etwas hinzufügt, wie Farbe aus der Spraydose zum Beispiel, sondern sichtbar wird das Weggenommene – lesbar werden die Worte durch das, was weggenommen wird – sorgfältig mit Hirschleder abgeputzt – eine besondere Art von Staubwischen.

Sorgfältig und in mühevoller, präziser Arbeit produziert hier jemand – ein Nichts.

Das Nichts spricht für sich – und der Staub, der übrig bleibt, der die Lücke umgibt, der vermittelt die Worte.

Da lässt sich eigentlich gar nichts vorzeigen, weil ja alles weggeputzt wurde und nichts übrig geblieben ist – und zugleich wird im Nichts das Wesentliche sichtbar und erst durch das Nichts und den umgebenden Staub wird die Botschaft wahrnehmbar.

Was mögen die Wände der Predigerkirche schon alles gehört haben? Sie schweigen, ein Grossteil der Geschichte dieses Ortes ist vergessen, Staub hat sich auf sie gelegt. Da, wo dieser Staub nun weggewischt wurde, findet da Erinnerungsarbeit statt, beginnen da die Wände zu sprechen? Die Installation von Klaus Merz und Daniel Lienhard pendelt zwischen Erinnern und Vergessen. Als Tageszeit entspricht ihr die Dämmerung, jene

Zeit des Übergangs von der Nacht zum Tag und vom Tag zur Nacht. Was aus dem Staub herausgeholt, ans Licht gebracht wurde, auf das wird sich irgendwann wieder eine neue Staubschicht legen. Die Dämmerung macht uns empfänglich und schärft unsere Wahrnehmung für jene Zwischentöne, für die Worte zwischen den Zeilen, die unsichtbaren Bilder, von denen Merz in seinen Gedichten spricht.

Schrift

«Wenn die Wirklichkeit selber / Sätze machte, nichts / bliebe uns mehr/ zu erzählen. Und /
was zu leben wäre, / wäre erlebt.» (Klaus Merz)

Gerne würde ich alles benennen können, Wörter und Namen finden für das, was mich bewegt.
Gefühle, Gedanken und Erlebnisse mit Sätzen einordnen und festhalten können.
Eine neue Art Wortgläubigkeit.
Ich suche Worte, Wortbilder, Begriffe, die erklären und mir verstehen helfen, was um mich herum und in mir geschieht – unverständlich oft genug.
Dabei scheitere ich regelmässig, merke, dass ich um etwas kreise, wieder und wieder, an Grenzen stosse.
Ich finde Worte und Bilder, doch das, was ist, was wirklich ist, beschreiben sie nicht genau, treffen sie höchstens am Rand.
Das schmerzt.
Und das erleichtert.
Wirkliches Leben ist unverfügbar, unbegreiflich, überbegrifflich, mehr als meine Worte.
Wirklichkeit bekomme ich nicht in den Be-griff.
Welches Glück.

Gedichte an der Wand

Die als Wandschrift erscheinenden Gedichte in der Predigerkirche wurden nicht für diesen Ort geschrieben, wohl aber für diesen Ort ausgewählt und hier «inszeniert». Der neue Rahmen verändert sie und eröffnet – gegenüber der Buchform – neue Lesarten.

Die Präsentation der Gedichte in Form eines um die Kirche herumlaufenden Textbandes lässt an wandernde Leuchtschriften denken, an den Times Square in New York, an Werbung, an die Verwendung dieses Mediums durch die Künstlerin Jenny Holzer. Doch gibt es einen Unterschied. In der Predigerkirche wandert die Schrift nicht, sondern müssen wir wandern, wenn wir sie lesen wollen.

Auch leuchtet die Schrift nicht, wie es Werbeschriften tun. Im Gegenteil. Auf Distanz ist sie kaum zu erkennen. Sie springt uns nicht an, sie markiert nicht Präsenz, sondern verweist eher auf Absenz. Merz und Lienhard treten nicht als Sprayer auf, sondern als Radierer.

Merz' Gedichte in der Predigerkirche vermitteln keine Botschaften, sondern thematisieren unsere Wahrnehmung. Die Wand, auf der sie erscheinen, ist nicht bloss Werbeträger, sondern das eigentliche Thema. Die Arbeit lässt uns, mittels der Texte und durch sie hindurch, den Ort neu wahrnehmen. Es sind nicht bloss Gedichte an der Wand, vielmehr hat die Inszenierung räumliche oder plastische Qualitäten, für die der Schriftsteller allerdings nicht allein verantwortlich ist. Merz unterhält rege Kontakte mit bildenden Künstlern, schon einmal realisierte er, in diesem Fall in Zusammenarbeit mit Architekten, ein Werk im öffentlichen Raum, für den Neubau des Krematoriums in Winterthur.

In reformierten Kirchen Wandschriften anzubringen, hat eine lange Tradition, wobei diesen Wandschriften in der Regel Bibelzitate zugrunde liegen. Indem Merz für die Arbeit in der Predigerkirche eigene Texte verwendet, tritt er zu dieser Tradition in eine gewisse Konkurrenz. Umso wichtiger ist es, zu sehen, welche Texte er dafür ausgewählt hat. Es sind Texte, die nicht mit dem Anspruch von Glaubenssätzen auftreten. Vielmehr sind es Gedichte, die – es sei noch einmal gesagt – unsere Wahrnehmung schärfen, Worte, die zu einer neuen, anderen Wahrnehmung des Raumes, in dem sie stehen, hinführen wollen. Es sind Gedanken, die uns anregen, auf die unsichtbaren Bilder an diesem Ort zu achten, Sätze, die uns einladen, an diesem Ort uns selber einzubringen, mit unseren Fragen, unserem Bedürfnis nach Transzendenz, aber auch mit der Lust auf «etwas Obst für den Nachtisch», wie es im Gedicht «Einladung» heisst.

Wider Sehen

«Im Wegschauen / sehen. / Im Weghören / hören. / Wahrnehmen, was / durch Vorzeigen /
nicht sicht- / bar wird.» (Klaus Merz)

Als Pfarrerin halte ich Gottesdienste – in Kirchen wie dieser.
Dazu gehört predigen:
Ich rede und hoffe gehört zu werden.
Dazu gehört
Taufe und Abendmahl:
Ich zeige vor und hoffe, dass dadurch etwas sichtbar und verständlich wird.
Hier lese ich an der Wand:
Im Weghören hören.
Kann ich jetzt etwa aufhören, zu reden?
Da schreibt einer an die Wand:
Wahrnehmen, was durch Vorzeigen nicht sichtbar wird.
Wasser, Wein und Brot, alles, was ich zeige: läuft das etwa ins Leere?
Aber vielleicht, denke ich,
vielleicht geht es hier auch um Freiheit?
Wenn ich Menschen nicht zwinge, zuzuhören,
wenn sie frei sind, wegzuhören,
an ferne und auch mir unbekannte Orte,
können sie mehr und anderes hören,
als ich ihnen sage,
dann hören sie wirklich.
Wenn ich Menschen nicht zwinge, genau dort hinzuschauen,
wo ich handle,
wenn ich sie nicht dazu bringen will,
nachzuvollziehen,
alles für wahr zu nehmen,
kann es geschehen,
dass sie das sehen, was ich nicht zeige –
was ich nie zeigen könnte
weil es viel mehr ist,
als mir zur Verfügung steht.
Im Wider Sehen,
Im Tun ohne Absicht,
Zwischen den Worten,
Hinter den Zeichen
Kann es geschehen, dass etwas geschieht
Von dem, dem ich Geist Gottes sage.

Gedichte von Klaus Merz
Die nachfolgenden Gedichte sind entnommen aus: Klaus Merz, *Löwen, Löwen,* Haymon Verlag Innsbruck
(«Himmelfahrt», S. 33, «Nachricht aus Äthiopien» S. 85) und Klaus Merz, *Kurze Durchsage,* Haymon Verlag
Innsbruck («Schrift» S. 10, «Nachbarn» S. 24, «Einladung» S. 36, «Milchstrasse» S. 65, «Augentrost» S. 74,
«Verrufene Landschaft» S. 137).

Im Wegschauen
sehen.
Im Weghören
hören.
Wahrnehmen, was
durch Vorzeigen
nicht sicht-
bar wird.

Himmelfahrt

Ganz geheuer
ist es Maria nicht
auf ihrer Wolke, die
vom Erdboden abhebt.
In bunten Gewändern
betend, sehnsüchtig
zum Himmel gekehrt
bleibt das Fussvolk zurück:
Mit seinen warmen Rufen
nach der Assunta
hilft es mit, dass die Luft
tatsächlich trägt.

Nachricht aus Äthiopien

In Aksum, nah den Bergen,
lagert die Lade, der Bund
mit den Menschen seit drei-
tausend Jahren – berichtet
der Sender, dem es für einmal nicht gelang, die Bilder
davon zu zeigen: Nicht alles
sei für unsere Augen bestimmt,
sagte der Hüter des Heiligtums.

Osterspiel

Bleibt noch die Frage:
Wie lebt einer weiter,
nachdem er mit Haut
und Haaren den Jesus
gegeben hat auf dem grossen Platz.
Und Pilatus, der auch am Montag
nicht aufhören kann, seine Hände
zu waschen hinterm Schalter der Bank.

Schrift

Wenn die Wirklichkeit selber
Sätze machte, nichts
bliebe uns mehr
zu erzählen. Und
was zu leben wäre,
wäre erlebt.

**Drei Sätze gegen
das Unaussprechliche.**

**Ein kleiner Aufriss
der eigenen Transzendenz.**

**Vielleicht etwas Obst
für den Nachtisch.**

**Dergestalt ausgerüstet,
sollten die Gäste zum Fest
erscheinen.**

Augentrost

**Lesen
und bemerken:
Du wirst von den Wörtern
verstanden. Manchmal.**

Milchstrasse

**Die Nachricht vom auf-
rechten Gang
verbreitet sich langsam
im All.
Du legst den Kopf
ins Genick,
in der Küche löscht
die Tochter das Licht.**

Der Tag stand still.
Langsam floss der Abend herein,
dunkler Wald, Wiesen, junges Korn, ein Dorf.
Die geschorenen Schafe neben der Kirche
sahen leer aus, die rosigen Schweine schmutzig.
Die Rauchsäule über der Grastrocknungsanlage
liess an Abel denken.
Der Pfarrer trat aus dem Haus.
Er musste längst tot sein,
so sanft können Lebende gar nicht sein.
Er grüsste.
Man hätte ihn jetzt wieder töten können.

Nachbarn

In der Dämmerung bilden
die Lichter der Häuser
drei lesbare Sternbilder
in meinem Bezirk.
Einen Fingerhut,
das Glas mit dem Streusalz,
die Fontanellennaht.

Wie jeden Abend
geht es um die Nähe
der Gottheit.

Blick vom Dachreiter der Klosterkirche auf das
Haus der Stille, Kappel am Albis

Ein Ort des Zusammenkommens
Kirche und Kunst in Kappel
Thomas Gretler

Dass Kappel am Albis nicht ganz so zentral liegt wie die anderen Ausstellungsorte, werden Sie wohl spätestens bei der Anreise nach Kappel feststellen. Weshalb, werden Sie sich deshalb fragen, wurde ein so peripher gelegener Ort für einen Teil der Ausstellung gewählt? Nun ich hoffe, dass sich diese Frage spätestens etwa einen halben Kilometer vor Kappel a/A erübrigen wird. Nämlich dann, wenn auf der Anreise beinahe plötzlich das ganze Ensemble des ehemaligen Klosters und der Klosterkirche in Ihr Blickfeld rücken wird. Denn schon von weitem beeindruckt die Kirche durch ihre Grösse, zumal man hier wohl eher eine kleine Dorfkirche erwarten würde.

Zentraler jedoch ist der historische Kontext, welcher hier dem ganzen Ausstellungsprojekt eine enorme Spannung verleiht. Haben doch Kloster und Kirche in den vergangenen acht Jahrhunderten schon einiges über sich ergehen lassen müssen. So sind Kloster und Kirche beeindruckende Zeitzeugen unserer religionsgeschichtlichen und jüngeren Vergangenheit. Als Zisterzienserkloster gegründet, vom Bildersturm heimgesucht, Wirkungsort von Zwingli und Bullinger, im 19. Jahrhundert Armenanstalt, Pflegeheim und seit zwanzig Jahren genutzt als Haus der Stille und Besinnung durch die Zürcher Landeskirche. Vor diesem Hintergrund konnte sich die Kirchenpflege dem Wunsch der Ausstellungsmacher gar nicht verweigern, sich für dieses Projekt anzubieten.

Ein weiterer Grund für das Engagement in diesem Projekt ist die Überzeugung der Kirchenpflege, dass Kirche und Kirchenräume durchaus auch in einen Kontext mit gesellschaftlichen Fragen gestellt werden sollten. Denn Kirchen waren seit je her auch Versammlungsorte und somit Orte des Zusammenkommens und der Diskussion.

Auch wenn «nur» je zwei Werke der Künstler zu sehen sind – wobei die jeweiligen Werke auch noch sehr ähnlich scheinen –, erwächst gerade aus dieser Polarität und im Kontext zum Ausstellungsort eine entsprechende Spannung, die uns unmittelbar zum Ausstellungsthema «Das unsichtbare Bild» führt. Allein schon die Gegenüberstellung zweier so unterschiedlicher Künstler wird sicherlich Stoff für Diskussionen bieten. Was beide Künstler verbindet, ist die gleiche Art, ihre Botschaft zu vermitteln: die Malerei, die Verwendung von Leinwand und Farbe. Doch bereits bei der Wahl der Farbe könnte der Unterschied nicht grösser sein. Inspiriert vom Licht Südfrankreichs erscheinen die Bilder von Elisabeth Arpagaus leicht und beinahe schwebend. Dunkel und schwer dagegen die Bilder von Mario Sala. Doch dies ist blosse augenfällige Äusserlichkeit. Beide Künstler setzen auf ihre Art eine Geschichte aus ihrem Leben um. Sie erzählen von einer Begebenheit, einem Gefühl oder einem Moment, welche sie zu einem Werk inspiriert haben.

Und je nach dem, in welcher persönlichen Stimmung wir uns als Betrachter befinden, finden wir einen Zugang zu einem Werk – oder eben auch nicht. Vielleicht müssen wir auch zweimal hinsehen, damit wir eben auch das Unsichtbare im Bild sehen können. So wie wir manchmal auch einen Text zweimal lesen müssen, um diesen zu verstehen.

Natürlich können wir uns nicht jede Minute unseres Lebens mit solchen Fragen auseinandersetzen. So gesehen, können uns Kunstwerke jedoch hin und wieder einen Impuls geben, um kurz innezuhalten. Sie müssen daher nicht nur gefällig, sondern auch schräg, unverständlich oder kontrovers sein, um uns irgendwie zu berühren und uns ein eigenes Bild davon machen zu lassen.

Das Unsichtbare bleibt daher keinesfalls nur auf Bilder beschränkt. Dies kann für Texte genau so gelten wie für Musik, Bildhauerei oder Tanz. Doch genau hier beginnt die Auseinandersetzung nicht nur mit der Kunst als solcher, sondern mit uns selber und der Welt, wie wir sie täglich wahrnehmen. So gesehen bleibt es die Hoffnung der Kirchenpflege, dass die ausgestellten Bilder zu vielen Diskussionen und anregenden Gesprächen Anlass und Gelegenheit bieten werden.

Überinformation und beredte Stille
Von der Sichtbarkeit und Unsichtbarkeit in den Bildern von Mario Sala und Elisabeth Arpagaus
Angelika Affentranger-Kirchrath

Das unsichtbare Bild? Hier scheinen wir es mit einem Paradox zu tun zu haben. Ein Bild – und vor allem das gemalte – konstituiert sich recht eigentlich aus sinnlichen Sichtbarkeiten, aus einem Bildträger und aus Farben. Maler, auch wenn sie ihre Angaben so stark zurücknehmen wie Kasimir Malewitsch, Cy Twombly oder Robert Ryman, arbeiten mit Materialien, die für unsere Augen wahrnehmbar bleiben.

Macht und Ohnmacht des Bildes
Nach dem in den siebziger Jahren von Minimal und Concept Art propagierten Ausstieg aus dem Bild bekennen sich die Künstlerinnen und Künstler heute wieder selbstbewusst zur Malerei. Sie übernehmen sogar Impulse anderer Medien und belegen, dass die sinnliche Ausdrucksform der Malerei im Nebeneinander mit anderen Bildwelten weiter existiert und bestens gedeiht.

Liegen wir denn völlig falsch, wenn wir im Medium der Malerei der Ästhetik des unsichtbaren Bildes nachgehen? Vielleicht müssen wir es wagen, die Ebene des konkret Unmittelbaren aufzugeben und auf eine geistig ideelle Dimension zu wechseln. Bilder, und seien sie noch so opulent an Farbe und Form, beruhen immer auf den Vorstellungen und Visionen eines Autors. Diese immateriellen, für das Auge nicht fassbaren Kräfte liegen als wichtigste Anregung der ganzen Bildwelt zugrunde. Sie bestimmen über die Macht oder Ohnmacht der Werke. Es sind weniger die Darstellungen selbst als die mit ihnen transportierten Inhalte, welche auf der Betrachterseite Gleichgesinnte faszinieren oder Gegner in Rage versetzen können.

So muss man wohl Luther Recht geben, der bemerkte: «Die Bilder sind weder das eine noch das andere, sie sind weder gut noch böse, man kann sie haben oder nicht haben».[1] Die Haltung eines Magritte und Duchamp vorwegnehmend, hat er die Verantwortung im Umgang mit den Bildern an den Betrachter verwiesen. Bilder werden, so gesehen, zu variablen Projektionsflächen.

Iconic turn
Seit etwa zehn Jahren geht die Rede von einem «iconic turn». Gottfried Boehm verstand darunter ursprünglich – in Analogie zum «linguistic turn» – eine Wende der Kunstgeschichte zurück zum Bild, eine Rückbesinnung auf die Logik der Bilder, jenseits der Sprache. Heute wird der Begriff allgemeiner verwendet im Sinne einer neuen Macht der Bilder, ihrer zunehmenden Präsenz im Alltag und in den Wissenschaften. Angesichts dieser Konjunktur, die Bilder heute haben, sah sich der Kunsthistoriker Willibald Sauerländer jüngst veranlasst, einen neuen Ikonoklasmus zu fordern, im Sinne einer bewussten, auch im Alltag praktizierten Bildzensur.[2] Sauerländer verlangt – darin wohl mit Luther übereinstimmend – vom Bildschöpfer wie vom Rezipienten eine bewusste, ethisch verantwortbare Haltung den in unserer Mediengesellschaft omnipräsenten Bildern gegenüber. «Zu fordern ist eine kritische Bild- und Mediengeschichte, die in Erinnerung ruft, dass Bilder nicht weniger als Worte ein Problem der öffentlichen Gesittung und der guten Verständigung unter den Bürgern einer vernünftig denkenden Zivilgesellschaft sind.»[3]

Die beiden nach Kappel eingeladenen, mit je zwei Arbeiten vertretenen Kunstschaffenden Mario Sala und Elisabeth Arpagaus scheinen dieser wichtigen Aufforderung von Sauerländer auf je eigene Art nachzukommen. Sala schöpft aus der Überfülle der Informationen, nützt sie und führt sie ad absurdum, Arpagaus bezieht eine Gegenposition zur Bilderschwemme. Beide belegen, dass im sichtbaren Kunstwerk das Unsichtbare, die Suche nach immateriellen, bleibenden, geistigen Werten mitschwingt und dass das Unsichtbare eine innere Sicht ermöglicht. Die beiden unterschiedlichen Positionen berühren sich in ihrer gedanklichen Tiefe und in ihrem Appell an die inneren Bilder.

Übersetzte Wirklichkeiten

Mario Sala nützt in seiner Kunst die breite Palette des multimedialen Bilderangebots. Wenn er vor dem Fernseher sitzt, hat er oft den Fotoapparat dabei, er nimmt während einer Sendung Bilder auf, macht sie zu Stills, die ihm später womöglich als Vorlagen für Malereien dienen. Er habe, erinnert er sich im Gespräch, schon immer Freude gehabt an Geschichten. Als Kind wohnte er dem Religionsunterricht gerne bei. Hier wurden Geschichten erzählt, die er nachzeichnete. Später faszinierten ihn mittelalterliche Bildhandschriften, wie sie in den Faksimiles überliefert werden. Hier erhalten die biblischen Stoffe eine Form, in welcher das hintergründig Geistige eine von allen funktionalen Diktaten befreite sinnliche Gestalt annimmt. Etwas von der geheimnisvollen Atmosphäre der Bildgeschichten durchwirkt auch Mario Salas Werke. Seine Bilder treten mit einer geradezu barocken Farben- und Formenfülle an uns heran. Bei aller augenbetörenden Ästhetik geben sie uns aber auch zu denken.

Dies beginnt schon bei einem bewusst gesetzten Titel wie «Frühstück bei adamundeva», der eine explizite Anknüpfung an biblische Zusammenhänge anvisiert. Das Werk ist unterteilt: die untere Hälfte lässt uns bei genauem Hinsehen eine bauchige Kaffeetasse erkennen. Von einem Kolben fliesst ein Strahl Kaffee in die Schale. Hier bezieht sich Sala auf eine private Fotografie, in der er sein morgendliches Frühstücks-Ritual beiläufig festgehalten hat und nun ins Bild übersetzt. Im oberen Teil des Werkes erkennen wir zwei jugend-liche Gestalten. Vom Hals des Jünglings windet sich eine Schlange – man darf sie wohl als Anspielung auf die Paradiesschlange verstehen – dem Mädchen entgegen. Die beiden sind einem Dokumentarfilm über den Sektenführer Charles Manson entnommen.

Im Bild versucht Sala, eine ihn fesselnde Geschichte in ihrer unheimlichen Atmosphäre anzueignen und malerisch aufzuladen. Mario Sala arbeitet durchaus mit einer Überforderung unserer Sinne, er tippt Geschichten an, pri-vate und öffentliche, er vermischt Zeiten, er zieht alle Register der Malerei und bedient sich auch der Mittel der elektronischen Bildsprache. Und doch fesseln uns seine Werke und prägen sich uns ein. In diesem Vermögen sind sie ein Quantensprung von den inflationären Botschaften der Massenmedien entfernt: sie eröffnen uns ein Fragefeld. Vor Mario Salas Bildern gehen wir solange online, bis wir merken, dass wir die eigentliche Erkenntnis nur finden, wenn wir einen Moment offline gehen. Wie in den Blättern der Bilderhandschriften liegt auch in Mario Salas Werken der eigentliche Zauber im Angetönten und im Atmosphärischen.

Chor der Klosterkirche Kappel

Essenz der Wirklichkeit

Elisabeth Arpagaus geht den umgekehrten Weg. Sie lebt zurückgezogen in einem kleinen Dorf in Südfrankreich und kommt mit einem Minimum an Medieninformation aus. Ihre Inspirationsquelle ist die karge südliche Landschaft. Sie arbeitet im Dialog mit der Natur. Sie sucht nicht das Abbild der touristischen Meeresgegend, sie will der Essenz des Naturgegebenen näher kommen und in ihren Bildern ein Äquivalent zu ihm schaffen. In einem langwierigen Prozess trägt sie die kostbaren, zum Teil in der Natur gefundenen Mineralfarben im Atelier Malschicht über Malschicht auf, als gälte es, atmende Häute übereinander zu legen. Dieser konzentrierte Akt hat für sie etwas Meditatives, sie wird zu einer Mittlerin zwischen Bild und Natur und beginnt die wirkenden Kräfte zu übersetzen. Letztlich sind ihre leicht bewegten, im Licht ondulierenden und vom Licht gemalten, einmal opak dunklen, dann wieder durchlässig hellen Werke ein Echo auf die elementaren Gegebenheiten von Himmel, Erde, Wasser und Wolken.[4] In der immer strengeren Reduktion der Mittel konzentriert sie den Blick für das Bleibende im raschen Wechsel unserer Zeit. Sie steht damit nicht ausserhalb ihrer Gegenwart, sie sucht nach einer beredten, stillen, aber inständigen Gegenstimme.

An der malerischen Tradition interessiert, bezieht sie sich neben anderen auf den mittelalterlichen Maler Fra Angelico, dessen Wirkungsorte sie schon als Jugendliche aufsuchte. Jüngst forderte der Kunsttheoretiker Georges Didi-Huberman mit einer aufsehenerregenden These neue Aktualität für das Werk des Meisters. So verweist er auf die bis anhin nur als eine Art Begleitform betrachteten sogenannten Elemente der «Marmi finti» in Angelicos Malerei. Es sind dies die abstrakten, marmoriert strukturierten Tafeln, welche den Bilder-Zyklus im Florentiner Kloster San Marco untermalen. Didi-Hubermann führt den Blick des Betrachters auf jene Malereien, die nichts Gegenständliches vorgeben und also das Unsichtbare anpeilen. Ruht der Blick auf ihnen, wird er frei und empfänglich für das in den figurativen Geschichten vor Augen Geführte.[5]

Ähnliches widerfährt uns vor Elisabeth Arpagaus' tonal fein gestimmten Farbtafeln. Unser Blick und damit unser Sinnen und Denken kommen vor ihnen zur Ruhe. Das Unsichtbare, das von allem figürlich narrativen Befreite, sensibilisiert uns für eine «neue» Wahrnehmung unserer Umwelt.

Von Elisabeth Arpagaus', dem Rhythmus der Natur eingeschriebenen Tafeln, genauso wie von Mario Salas, mit menschlichen Inhalten dramatisch aufgeladenen Werken angeleitet, wenden wir uns dem Kirchenraum in Kappel zu. Die vier Werke beider Künstler sind bewusst im Kirchenraum platziert. Sie sollen mit ihm in einen Dialog treten. Die Apsis-Malereien aus dem 14. Jahrhundert – wir konzentrieren uns im Kontext des Themenfeldes Malerei auf sie –, welche Märtyrerszenen fast wie in einem Film vor uns aufrollen, wurden während des Bildersturms übertüncht und unsichtbar gemacht. Inzwischen entfalten sie, sorgfältig freigelegt und restauriert, erneut ihre starke Präsenz. In der Konfrontation mit heutiger Kunst können sie mit aktuellen Inhalten gefüllt werden (an Leidensszenen fehlt es in der heutigen Welt nicht). Sie ermöglichen zudem eine bewusstere und konzentrierte Betrachtung heutiger Bilder, eine Sehweise, die genauso sinnlich wie reflektiert ist und einem bewegten, von Bild zu Bild wandernden Blick ebenso standhält wie einem kontemplativen, beim Detail verweilenden.

---

1   Luther, Predigten am Dienstag und Mittwoch nach Invocavit (11. und 12. März 1522), Luther Deutsch, 4, S. 73 und 78 (= Martin Luthers Werke, 110, iii, S. 26, 35), zitiert nach: Werner Hofmann (Hg.) Luther und die Folgen für die Kunst, München: Prestel, 1984, S. 46.

2   Willibald Sauerländer, Iconic turn? Eine Bitte um Ikonoklasmus, in: Christa Maar und Hubert Burda (Hg.), Iconic turn. Die neue Macht der Bilder, Köln: DuMont 2004, S. 407–426.

3   Ebd., S. 425.

4   Zu Elisabeth Arpagaus siehe: Angelika Affentranger-Kirchrath, Elisabeth Arpagaus: Aude, Bern: Benteli, 2003.

5   Vgl. Georges Didi-Huberman, Fra Angelico. Unähnlichkeit und Figuration, München: Wilhelm Fink, 1995, S. 48.

Im Atelier von Mario Sala
Januar 2005

Im Atelier von Mario Sala
Januar 2005

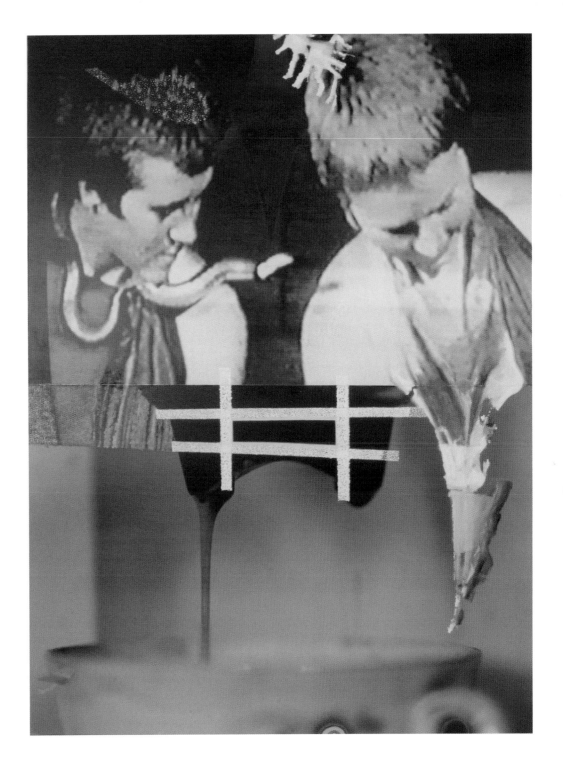

Mario Sala
Frühstück bei adamundeva, 2003
Mixed media, 207 x 150 cm

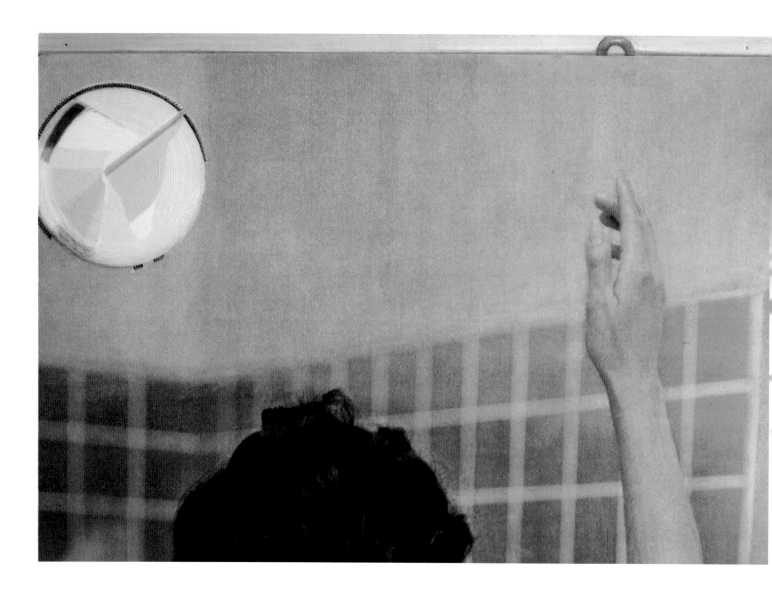

Mario Sala
Création, 2004
Mixed media, 106 x 138 cm

Mario Sala
Wet rag and balls, 2002
Mixed media, 68 x 38 cm

Elisabeth Arpagaus
Aude 2000
Farbpigmente aus Aude auf Lehmboden
am Etang de Peyriac de Mer,
vom Meerwasser eingeschwemmt

Elisabeth Arpagaus
João Pessoa, Brasilien 1998
«Laboratoire»
Farbpigment aus Jacumã
auf Sandboden vom Meer weggetragen

Elisabeth Arpagaus
Aude 2004
120 x 260 cm
Mineralisches Farbpigment mit mineralischem Bindemittel auf Baumwolle

Elisabeth Arpagaus
Aude 2004
120 x 260 cm
Mineralisches Farbpigment mit mineralischem Bindemittel auf Baumwolle

Matthias Haldemann

Kann ein Bild unsichtbar sein? Die paradoxe Wendung impliziert konträre Verständnismöglichkeiten: das beschädigte, kaum noch sichtbare Bild, das nichts mehr zu zeigen vermag; das für andere verborgene, innere Bild der eigenen Erinnerung oder Vorstellung; das Bild von etwas noch nie Gesehenem, Unsichtbarem, zum Beispiel Abstraktem; das Bild als perfekte Illusion.

Seit der Entstehung der Moderne gegen Ende des 19. Jahrhunderts denkt man besonders intensiv und grundsätzlich über Bilder nach, in der Kunst, Philosophie, Wissenschaft und Religion. Worin besteht überhaupt ihre Eigenart? Was macht sie so mächtig? Weshalb wurden sie immer wieder aus religiösen oder politischen Gründen verboten? Was begründet ihre inflationäre Verbreitung heute? Offenbar tangieren Bilder verschiedene Realitäten zugleich, sind kaum fassbar und schwer kontrollierbar. Bilder berühren unmittelbar und prägen sich unbewusst ein, mit ihnen denken und fühlen wir, mit ihnen identifizieren wir uns, mit ihnen kann man uns auch manipulieren.

Ein hergestelltes Bild hat sozusagen zwei Seiten: die materielle Beschaffenheit und die Wirkungskraft auf den Betrachter. Obwohl äusserlich immer gleich, sieht es jeder aus seinem Blickwinkel im Grunde anders. Für die moderne Kunst hatte diese einfache Tatsache weitreichende Folgen. Wenn selbst das Einzelbild sich als mehrdeutig erwies, wie verhielt es sich dann erst mit der Darstellung einer Wirklichkeit, die sich ihrerseits zunehmend wandelte? Das Bild geriet beidseitig unter Druck: von einer der Fassbarkeit sich entziehenden Welt ohne verbindliche Themen und Motive und von der Subjektivierung des Betrachters. Seither erfährt man die Wirklichkeit in der Kunst nicht mehr als Gegebenheit. Was ist, zeigt sich, erscheint – und entschwindet. Eine in Frage gestellte Welt ist in der optischen Metaphernsprache des Bildes eine sichtbar-unsichtbare.

Dies gilt besonders für die abstrakte Malerei seit dem Impressionismus. Nicht, weil Gegenstandslosigkeit die symbolische Darstellung von Unsichtbarem wäre. Sondern weil sie mit optischen Kontrasten unsere Augen besonders herausfordert, das Sehen thematisiert, indem sie es gezielt an die Grenze des Wahrnehmbaren bringt. Dann gelingt es nicht mehr, das Gezeigte zu stabilisieren, sich ein festes Bild zu machen. Was sehen wir wirklich? Ist das Wahrgenommene faktisch auf der bemalten Leinwand oder projizieren wir es darauf? Was ist Fläche, was räumliche Tiefe? Welcher Farbton ist gemalt, welchen erzeugt mein inneres Auge aufgrund eines bestimmten äusseren Reizes? Wie entsteht der Eindruck von Bewegung? Wo liegt die Grenze zwischen scheinbarer Realität und wirklicher Illusion? Reale Magie. Der geheimnisvolle Ort des sinnlich-geistigen Bildes liegt jenseits alter Kategorien im Dazwischen. Das wirkliche Bild ist unsichtbar.

Schaffhausen-Münster

Münster Schaffhausen
Blick vom Chor ins Mittelschiff

Wenn Katholiken einen Kirchenraum betreten, nehmen sie mit dem Finger etwas Weihwasser und bekreuzigen sich damit. Es ist, stelle ich mir vor, als ob sie mit dieser Geste gleichsam in einen Raum im Raum hineingenommen werden. In die Verheissung, für die der Kirchenraum Ort der Bewahrung und der Verkündigung ist. Ganz anders, aber vielleicht doch nicht unähnlich, kann es den Besuchern des Münsters ergehen. Wer diesen Kirchenraum betreten möchte, muss zuerst in eine Dornenkrone greifen und das Leiden Christi – oder wenigstens ein Symbol dessen – mit den eigenen Händen spüren, als eigene Geschichte erfahren.

Die Dornenkrone, das ist der Türöffner der bronzenen «Evangelistenpforte», wie die Münstertüre auch genannt wird, die im Zuge der Renovation in den 50er Jahren vom Zürcher Künstler Charles Bänniger geschaffen wurde. Auch nach Jahren regelmässigen Betretens dieser Kirche ist es eigenartig, wenn die schwere Türe, nachdem der Türöffner gedreht wurde, sich wie von selbst öffnet. Jedesmal scheint mir, übertritt man die Schwelle ins Münster mit einem kleinen Stolpern, weil die Türe so plötzlich aufgeht und der eigene Widerstand, die Kraft, mit der man sich gegen die schwere Türe stemmen wollte, ins Leere fällt.

Fast unvermittelt steht man dann in diesem wunderschönen romanischen Kirchenraum, in dem seit 900 Jahren Gottesdienst gefeiert wird. In einem Raum von grosser Weite, in rotem und grauem Sandstein gehalten. Schnell erkennt man den kreuzförmigen Grundriss. Man fühlt sich klein in diesem majestätischen Raum, aber auch geborgen in diesem immer leicht dämmrigen Licht, das dennoch klar und nie diffus ist.

Geht man durch das Mittelschiff, zwischen je sechs Rundsäulen vorbei auf die Vierung zu, bleibt der Blick bald an verschiedenen, bildlich und gegenständlich verkündigenden Darstellungen hängen. «Kirchlicher Schmuck» wird das in reformierter Sprachregelung genannt. Dieser Kirchenschmuck ist zum einen vorreformatorisch und alt, zum andern neu und teilweise gar modern.

Ursprünglich war wohl der ganze Kirchenraum ausgemalt. Während der Reformation wurden die Bilder zerstört oder übermalt. 1925 wurden, beim Abblättern von Tünche, einige Bilder entdeckt und freigelegt, und bei der bereits erwähnten Renovation wurde ihnen auch wieder Gestalt und Farbe verliehen.

Im Nebenchor des rechten Seitenschiffs finden wir die Darstellung des Glaubensbekenntnisses, einen Credozyklus. In zwölf Medaillons wird der Inhalt des Bekenntnisses – von der Schöpfung über die Verkündigung an Maria, die Geburt und Taufe Christi, Passion und Auferstehung – sehr schön geschildert. In den Zwickeln zwischen den Medaillons sind die zwölf Apostel abgebildet, von denen jeder einen Zwölftel des Apostolicums spricht. Diese Figuren erinnern an die bronzene Eingangstüre, auf der die Apostel in ähnlicher Weise aufgereiht erscheinen. Drinnen und draussen, alt und neu verweisen auf einander.

Interessant – oder vielleicht auch amüsant – ist die Geschichte des Glasbildes in der kleinen Münsterturmkapelle. Es handelt sich um eine Marienverkündigung, die einen unsichtbaren Faden zur Darstellung der Marienverkündigung des Credofreskos spannt. Es ist, als ob sie miteinander den Kirchenraum so absteckten, dass er gleichsam innere Koordinaten bekommt und sich im Raum eine Dimension eröffnet, die wie eine Tiefe erscheint und ein Zentrum verheisst.

Dieses kleine Glasbild war ursprünglich Teilbild des grossen gotischen Fensters des Augsburger Doms, das 1330/40 geschaffen wurde. Bei der Restaurierung der Bleifassungen im 19. Jahrhundert sollen Kunstglaser oder Glasmaler Teile des Originalbildes durch billige Duplikate ersetzt haben. Über verschlungene Wege des internationalen Kunsthandels gelangte so ein Teil des Originals 1957 ins Schaffhauser Münster.

In der Darstellung dieses Glasbildes ist es nicht der Engel Gabriel, der Maria erscheint, sondern der heilige Geist in Gestalt einer Taube deutet auf die Geburt des Kindes. Eine Taube ziert auch die Glocke über dem Taufsteinbecken in dieser kleinen Seitenkapelle.

Das moderne Taufbecken in der Vierung ist in Bronze gehalten wie die Tür. Diese zeigt Darstellungen von Evangeliumsgeschichten, die man nicht vom geschützten Kirchenraum, von dieser Insel der Ruhe und der Geborgenheit aus sehen kann, sondern nur von der Welt her. Wenn sich beim Hinausgehen die Tür hinter einem schliesst, hat man Christus am Kreuz und die vier Evangelisten im Rücken. Sie haben uns empfangen; wir können uns von ihnen begleiten lassen zurück in die Welt. Vier kleine Türknöpfe, so tief angebracht, dass wir uns bücken müssen, zeigen je zwei ineinander verschlungene Schlangen. Symbole dafür, dass unsere Welt heil nicht ist.

Die Abbildungen oder Andeutungen vieler verschiedener Geschichten, die Ausschnitte sind aus der einen christlichen Heilsgeschichte, möchten die Besucher einladen, ihre eigene Geschichte damit zu verweben. Und sie wollen berühren durch die Hoffnung, die all diese Geschichten und Bilder in sich tragen.

Auf ganz unterschiedliche Weise wird im Münster das Evangelium verkündet – nicht nur in der Predigt. Wer das Münster besucht, sei es zum sonntäglichen Gottesdienst oder einfach für sich, kann das Geheimnis, welches dieser Ort in sich trägt und bewahrt, auch spüren und sehen.

Einer der ganz spannenden Aspekte unseres Projektes liegt deshalb darin, wie eine Installation, in der Formensprache und Materialität unserer Zeit, dieses Geheimnis auf seine ganz eigene Weise aufnimmt. Das Werk des Künstlers wird nicht für sich allein stehen können. Es wird eintreten in einen Dialog mit all den anderen Bildern. Und es wird uns herausfordern, uns die Frage nach unserem Umgang mit Bildern zu stellen. Nach unserem Bild von Gott, nach unserem Bild vom Menschen, nach der Bedeutung von Bildern in unserer Welt und danach, inwieweit wir selbst Bild sind – und was das bedeutet.

Das Fremde dieser Installation wird uns auf vielleicht irritierende Art an die Bilder heranführen, die wir quasi selbstverständlich und unhinterfragt in uns tragen. Die Bilder, die uns ein gewisses Mass an «Sicherheit» bezüglich unserer Weltdeutung geben. Und die es vielleicht gerade sind, auf die das Gebot «Du sollst dir kein Bildnis machen» zielt.

Hören und sehen
Thomas Rentmeister im Schaffhauser Münster
Markus Stegmann

Vor einigen Jahren sorgte Thomas Rentmeister mit hochglänzenden, farbigen Polyesterskulpturen für Aufsehen. Die grossen, oftmals tropfenförmig weich ausschwingenden Objekte begegneten in den Ausstellungsräumen wie Wesen von einem anderen Stern, anziehend und fremd zugleich. Thomas Rentmeister zählt mittlerweile zu den meistdiskutierten zeitgenössischen Bildhauern Deutschlands. Im Zusammenhang mit seinen Arbeiten sind die Begriffe «Bildhauerei» oder «Skulptur» geradezu irreführend, da der Künstler traditionelle Vorstellungen von dreidimensionaler Kunst bricht und über konventionelle Erwartungen ganz bewusst hinausgeht. Für seine Arbeiten der jüngsten Zeit verwendet er oft vorgefundene, alltägliche Objekte, beispielsweise ausrangierte Kühlschränke oder Päckchen mit Papiertaschentüchern. Als typische Zeitzeugen westlicher Zivilisation spiegeln sie unseren Umgang mit Wohlstand und Überfluss. Zu teilweise grossen Ansammlungen im Sinne der Minimal Art der sechziger Jahre sorgfältig gestapelt, verweisen die Objekte allein schon durch die auffällige Häufung auf unsere Massengesellschaft und ihre massenhafte Produktion von Wohlstandsgütern. Kühlschränke und erst recht Papiertaschentücher stellen mit ihrer begrenzten Lebensdauer Fragen nach ihrer Wiederverwertbarkeit, ihrer ökologischen Bilanz und damit schliesslich nach der Wegwerfmentalität westlicher Zivilisation. Aber auch Fragen der Sauberkeit und Reinheit und sogar Themen wie Zeit und Vergänglichkeit werden berührt, ohne dass die künstlerischen Setzungen eine moralische Antwort suchen oder einem komplizierten theoretischen System entsprechen.

Die Gründe, Thomas Rentmeister für eine neue, installative Arbeit im Schaffhauser Münster einzuladen, liegen einerseits in der gleichzeitig stattfindenden Einzelausstellung des Künstlers im benachbarten Museum zu Allerheiligen, andererseits in der Überlegung, dass der Künstler mit seinem breiten Erfahrungsspektrum im Umgang mit vorhandenen räumlichen Situationen auf den aussergewöhnlichen und gleichzeitig sensiblen sakralen Innenraum unkonventionell und zugleich respektvoll reagieren würde. Wie bei jedem künstlerischen Projekt, das für einen bestimmten Anlass neu entsteht, kann vorher nur schwer abgeschätzt werden, in welcher Form sich der künstlerische Eingriff letztlich ausgestalten wird. Damit ist immer auch ein nicht geringes Risiko verbunden, das zu jedem wirklich innovativen künstlerischen Projekt fast zwingend gehört. Die grosse Chance besteht jedoch darin, dass sich dem interessierten Publikum im Schaffhauser Münster für einen begrenzten Zeitraum einmalige Erfahrungen erschliessen, indem die künstlerische Intervention mit einem ungewohnten visuellen Vokabular – über die Sinnesorgane, nicht über die Sprache oder das Wort – zur Reflexion über unsere Zeit und damit über unser Verhältnis zu ihr einlädt.

Das Museum zu Allerheiligen bietet dem Publikum die Möglichkeit, die künstlerischen Ausdrucksmittel von Thomas Rentmeister in seiner ersten Schweizer Einzelausstellung in unmittelbarer räumlicher Nachbarschaft kennen zu lernen und zu vertiefen. Auf diese Weise wird der punktuelle künstlerische Ansatz im Münster in einen breiteren Kontext eingebettet, wodurch er differenzierter betrachtet werden kann und besser verständlich wird. Eines der wesentlichsten Ergebnisse dieser Konstellation wird die Erfahrung sein, wie stark der jeweilige architektonische Raum auf die künstlerischen Arbeiten einwirkt und umgekehrt. Im Münster stellt sich die höchst interessante Frage, wie sich die sakrale Architektur der Romanik und ein Werk zeitgenössischer Kunst begegnen, wie sie miteinander umgehen und welche Resultate sich aus ihrem stummen Dialog über die Jahrhunderte hinweg ergeben. Dies verlangt dem Publikum zwar einiges an Aufgeschlossenheit und aktiver Wahrnehmungsarbeit ab, kann aber – eine alte Erfahrung der Kunstvermittlung – zu erstaunlichen Einblicken in bislang verborgene Zusammenhänge führen. Seit spätestens der Avantgarde zu Beginn des 20. Jahrhunderts erfüllt die Kunst nicht mehr eine schmückende Funktion für bürgerliche Wohnräume, sondern besitzt vielmehr ein im allgemeinen Bewusstsein immer noch dramatisch unterschätztes reflexives Potential. Zeitgenössische Kunst kann wertvolle Beiträge zur differenzierten Wahrnehmung ihrer Zeit liefern, wobei die Kunstwerke als sensible Seismographen zu Erkenntnisinstrumenten werden für all diejenigen, die ihr auf den oft kurvigen und rätselhaften Wegen folgen.

Thomas Rentmeister
Santo*, 2003
Kühlschränke, Penatencreme, 340 x 530 x 240 cm
Sammlung Museum für Moderne Kunst, Frankfurt am Main 2004
(Dauerleihgabe der Fa. Aloys F. Dornbracht GmbH & Co. KG, Iserlohn)

Thomas Rentmeister
ohne Titel, 1998
Polyester, 105 x 257 x 149 cm
Auflage: 3

Thomas Rentmeister
ohne Titel, 2001
Nussenia Nuss-Nougat-Creme, ca. 35 x 1600 x 600 cm
Ausstellung «braun», Kölnischer Kunstverein,
Köln 2001

Thomas Rentmeister
ohne Titel, 2004
Tempotaschentücher (Grosspackungen), 101 x 491 x 110 cm
Ausstellung «Zwischenlandung»,
Kunsthalle Nürnberg, 2004

Von Bildern in mir
Thomas Feurer

Ich bin glücklich, dass ich beide haben kann: die Kirchen in Assisi und die spartanischen Räume der Nachreformation. Während bei Giotto das Staunen exemplarisch wird, ist es in den grossen, kargeren Räumen die Möglichkeit zur Selbstreflexion, die mich in sie hinein führt. Es ist ein Privileg, in einer Zeit zu leben, die uns beides ermöglicht und in der ideologischer Ballast in den Hintergrund getreten ist. Einer Zeit aber auch, in der uns mit der Freiheit mehr Eigenverantwortung für das Denken, Fühlen und Tun in die Hände gelegt wurde. Mit der Öffnung haben wir uns für eine kompliziertere Ordnung entschieden, und wir erleben heute, wie diese durch das unaufhaltsame Zusammenwachsen der Weltgemeinschaft noch komplexer wird. Orientierung tut Not, doch die Informationsflut schafft eher das Gegenteil. Wo finde ich also Halt, wo Besinnung und Erkenntnis?

Antworten geben mir Gespräche mit Freunden, Antworten geben mir Bücher und Antworten finde ich selbst, in der Auseinandersetzung mit mir. Am besten gelingt mir dies in der Natur, auf den Seen, in den Wäldern und in den Bergen – oder eben in den reichhaltigen und in den spartanischen Räumen, in denen die Menschen seit Jahrhunderten sich selbst und einander begegnen. Kunst ist dabei immer Massstab gewesen. Sei es in der Relevanz der Bilder, sei es in der Proportion und der Schönheit der Architektur. Während die Bilder Geschichten und Gleichnisse erzählen, zieht uns der Raum mit seiner Erhabenheit in seinen Bann. Beide Erlebnisse lassen uns innehalten und die Zeit verblassen. Neue Gedanken können geboren werden, und wir gehen gestärkt in die Welt hinaus.

Mit grosser Freude habe ich deshalb vernommen, dass sich neues, zeitgenössisches Kunstschaffen zusammen mit Kirchenvertretern aufmacht, den Dialog mit den sakralen Räumen zu suchen. Wie auch immer die Antworten sein mögen, sie werden Denkprozesse auslösen, sie werden unterschiedliche Positionen beleuchten, sie werden Diskussionen bewirken, sie werden uns mit uns selbst konfrontieren und unsere Kreativität im Umgang damit herausfordern. Denn nur mit neuen Ideen und anderen Prioritäten können wir einen Kontrapunkt zu den weit verbreiteten Ängsten um den Erhalt des materiellen Wohlstandes setzen. Ich bin überzeugt, dass wir dieses Potenzial längst nicht ausgeschöpft haben und gerade die Kunst als bereichernder Katalysator wirken kann.

Im Schaffhauser Münster wird eine Installation von Thomas Rentmeister eine Brücke zum benachbarten Museum zu Allerheiligen schlagen, wo gleichzeitig eine grosse Einzelausstellung stattfindet. Ich freue mich auf einen spannenden Sommer im Zeichen der Kunst.

Reformierte Kirche St. Arbogast
in Oberwinterthur

Das Sichtbare ist vergänglich, das Unsichtbare ewig (2.Kor. 4,18)
Felix Blum

Es ist kein Zufall, dass das Ausstellungsprojekt mit Oberwinterthur verknüpft ist. Die Verbindung von Kirche und Kunst hat hier lange Tradition. Seit bald zehn Jahren organisiert die Arbeitsgruppe KiK (Kunst im Kirchgemeindehaus) regelmässig Ausstellungen mit zeitgenössischem Kunstschaffen. Zudem ist die Oberwinterthurer Kirche St. Arbogast selber seit bereits 700 Jahren mit einem überaus reichen Bilderzyklus ausgemalt. Nach der Reformation verschwand diese Bilderpredigt allerdings hinter Verputz und Tapeten. Erst seit der letzten Renovation der Kirche 1981 ist sie wieder sichtbarer Bestandteil des gottesdienstlichen Lebens und ein weit über unsere Gemeinde hinaus beachtetes Schmuckstück.

So scheint es geradezu paradox, wenn die erst vor einer Generation aus der Unsichtbarkeit hervorgeholten Fresken nun wieder in Dunkelheit gehüllt werden sollen. Denn als künstlerische Antwort auf das biblische Bilderverbot verwandelt die Fotografin Andrea Good unsere Kirche in eine Camera Obscura – eine riesige Lochkamera. Die Kirche wird zur Dunkelkammer. Einzig durch eine millimetergrosse Öffnung in einem Fenster fällt etwas Licht in ihr Inneres. Dort bildet sich während eines Gottesdienstes auf einem mehrere Quadratmeter grossen Fotopapier langsam die Aussenwelt ab mit Gräbern, Bäumen und dem gegenüberliegenden Riegelhaus.

Werdende Kirche

Diese künstlerische Aktion lässt uns das reformatorische Prinzip der sich immer weiter entwickelnden «Ecclesia reformata et semper reformanda» neu erfahren. Indem Andrea Good die Oberwinterthurer Kirche für ihre Aufnahme gewählt hat, richtet sie unsere Aufmerksamkeit auf das Gebäude selber mit den beredten Spuren aus den verschiedenen Epochen seiner 2000-jährigen Geschichte. Noch heute sind Reste des römischen Tempels von Vitudurum, dem ursprünglichen Winterthur, sichtbar. Auf diesem wurde im 6. Jahrhundert eine erste Kirche errichtet und in der Folge stetig erweitert. Ein markanter Wandel erfolgte am Ende des 13. Jahrhunderts: Der dunkle, vorromanische Kirchenraum wurde geöffnet, indem man die Innenwände der beiden Anbauten an den Längsseiten entfernte. So entstand die heutige dreischiffige Basilika. Durch die gleichzeitig vergrösserten Fenster drang jetzt plötzlich Licht in die Kirche. Und mit dem Licht kamen die Bilder. Wie es damals war, als um 1280 Licht in die dunkle Kirche eingelassen wurde und um 1310 dann die Fresken entstanden, können wir ansatzweise nachempfinden, wenn die Kirche heute vorübergehend wieder verdunkelt wird und sich bei einfallendem Licht ein neues Bild entwickelt.

In der Reformationszeit hinterfragte man dann die Verbindung von Bildern und Glauben grundsätzlich und forderte auf biblischer Grundlage die Abkehr von ihnen: Das Wort allein sollte gelten. Seither ist bei jeder weiteren Renovation der Kirche wieder um den Stellenwert der Fresken gerungen worden. Jede Generation hat sich neu fragen müssen, wie sie mit der überlieferten Tradition umgehen und einen für ihre Zeit angemessenen Ausdruck für ihren Glauben finden konnte. So wie das Kirchengebäude in einem nie abgeschlossenen Prozess immer wieder renoviert werden muss, ist eben auch das Kirche-Sein ein nie abgeschlossener Prozess. Wenn die uns heute wieder selbstverständlich erscheinenden mittelalterlichen Fresken nun für kurze Zeit unseren Blicken erneut entzogen werden, sind wir gezwungen, über unsere Seh- und Glaubensgewohnheiten nachzudenken – sie einmal mehr zu reformieren. Auch die in einem denkmalgeschützten Gotteshaus sich versammelnde Gemeinde ist immer nur werdende Kirche.

Entschleunigung

Sakrale Bauten werden heute von vielen Zeitgenossen nicht als Ort der Antworten aufgesucht, sondern als Raum der Kraft und Ruhe zum Suchen und Fragen. In einer Zeit der sich beschleunigenden Bilderflut wächst das Bedürfnis nach Leere, um aus der oberflächlichen Ablenkung und Verzettelung zu einer vertieften Spiritualität zu finden. Die Arbeitsweise von Andrea Good kommt diesem Anliegen entgegen, indem sie eine andere Zeitdimension erfahrbar macht. Im Zeitalter der Digitalkamera stellt die altertümlich anmutende Aufnahmetechnik der Lochkamera eine Entschleunigung dar, welche die für eine spirituelle Erfahrung notwendige Konzentration und Sammlung ermöglicht. Die Gottesdienstbesucher können dies selber erfahren, weil sie in den langsamen Entstehungsprozess des Bildes einbezogen werden.

Unsichtbar, aber nicht bilderlos

Ist es aber überhaupt möglich, einen Gottesdienst im Dunkeln zu halten – ohne Gedankenstützen für die Predigt und ohne Liederbuch zum Singen? Wir sind gewohnt, uns an das zu halten, was sichtbar ist, während das Unsichtbare uns hilflos lässt. In der Camera Obscura erleben wir, dass im Dunkeln sehr wohl Bilder von dem entstehen, was ausserhalb des für uns Sichtbaren liegt. Auch das unsichtbare Ewige spiegelt sich in unserem Innern, solange wir eine Öffnung dafür freihalten. Aber selbst wenn wir diese verschliessen, werden wir uns noch Bilder machen. Allerdings sind die, welche wir uns selber machen, meistens obskur und fragwürdig. Bilder entstehen unaufhörlich in uns, ob wir es wollen oder nicht. Verbieten lassen sie sich nicht. Aber wir können, wie bei der Camera Obscura, dem (göttlichen) Lichtstrahl Einlass in unser Inneres gewähren. Und unsere inneren Bilder werden anders.

Vergänglichkeit

Sowohl die in diesem Ausstellungsprojekt entstehende Riesenfoto wie auch die mittelalterlichen Bildfragmente sind Sinnbilder für die Vergänglichkeit des Lebens. Die Kirchenkamera hält nur fest, was von Dauer ist, während flüchtige Bewegungen – ein vorbeifliegender Vogel, vorübergehende Friedhofbesucher – keinen Abdruck hinterlassen. Das faszinierende Zusammenspiel von Beständigem und Vergänglichem erzeugt durch die fliessenden Konturen auf dem Bild eine mystische Atmosphäre.

Die harte Grenze zwischen Endlichkeit und Ewigkeit – markiert durch die Grabsteine – wird aufgeweicht. Andrea Goods Aussenaufnahme von St. Arbogast wirkt mit ihrem durch die lange Belichtungszeit leicht verwischten Ausdruck ähnlich wie die Fresken im Kircheninnern, die zeitbedingt verblasst sind und deren Schadstellen nun als Leerräume erscheinen, die mit eigenen Bildern gefüllt werden können. Sowohl das moderne Kunstwerk wie die alten Fresken sind deshalb keine abschliessend-eindeutige Bilder. Beide verlangen vom Betrachter, selber weiterzudenken und sich das Offenbleibende immer wieder neu auszumalen. Dadurch sind sie sowohl ästhetisch sehr ansprechende wie gedanklich überaus anregende Beispiele für einen sich ständig reformierenden Umgang mit Bildern, wie es das biblische Gebot fordert.

Eine Kirche als Kamera
Nadine Olonetzky

Es mögen Jahrtausende in die Länder dieser Erde gezogen sein, Zeiten, in denen gegen Bilder gekämpft wurde, Themen und Darstellungsarten verboten, andere von den politisch oder religiös Mächtigen explizit verlangt wurden, und es mag heute der mediale Bilderhagel pausenlos auf uns einprasseln, das Wissen um die Entstehung der Bilder und ihre Manipulierbarkeit noch so präsent sein: Ihre sinnliche und magische Kraft ist ungebrochen. Sie trifft direkt ins Mark, ins Herz, Hirn, in die Seele, prägt Vorstellungen, weckt Gefühle, provoziert Gedankengänge, die ohne diesen Anstoss nicht entstanden wären. In besonderem Mass trifft dies auf die Fotografie zu. In ihren Anfängen erschien den Betrachtern und Betrachterinnen das Porträt einer Person derart lebendig, dass sie argwöhnten, die oder der Abgebildete könnte gar aus dem Bild heraus zurücksehen. War da ein Teil des Körpers, des Geistes, der Seele tatsächlich ins Bild transportiert worden? Doch um es mit Paul Valéry zu sagen: «Ein Bild ist mehr als ein Bild, und manchmal mehr als die Sache selbst, deren Bild es ist.» Kunst oder Fotografie geben nie nur das Sichtbare wieder.

In Andrea Goods Landschaftsaufnahmen sind die Menschen als körperliche Wesen verschwunden. Zu sehen ist etwa eine bläulich schimmernde Schneelandschaft mit Skilift, Skispuren, Hütte und seltsamen Lichtreflexen. Es ist eine Winterlandschaft, aus der die Skifahrer wie mit Zauberhand entfernt sind, eine Gegend wie aus einem Traum, mysteriös, und geisterhaft, zugleich sehr heutig und scheinbar aus einer anderen Zeit geholt. Wie das? Andrea Good, 1968 in Zürich geboren, arbeitet seit ihrer Ausbildungszeit mit Lochkameras. Die Camera obscura (dunkle Kammer) basiert auf dem einfachen physikalischen Prinzip, wonach ein Lichtstrahl, der durch ein Loch in einen dunklen Raum fällt, auf der gegenüberliegenden Wand das farbige, verkleinerte, auf dem Kopf stehende und spiegelverkehrte Bild dessen zeigt, was ausserhalb des Raumes ist. Die Grösse des Lochs beeinflusst die Schärfe des Bildes. Der Erste, der das Prinzip der Camera obscura beschrieb, soll der chinesische Philosoph Mo-Ti gewesen sein. Er bezeichnete im 5. Jahrhundert vor Christus den verdunkelten Raum als «Sammlungsort», als «verschlossenen Schatzraum». Entscheidende Fortschritte in der Weiterentwicklung der Camera obscura gelingen im Italien der Renaissance, als man sie als Zeichenhilfe zu verwenden beginnt. Anfangs ein lichtdichter, transportabler Raum, in dem der Zeichner arbeitet, später meistens eine Schachtel, wird die Camera obscura dann von Fotopionieren wie William Henry Fox Talbot (1800–1877) zur Ur-Fotokamera umgebaut. Heute ist sie auch ein Gegenentwurf zu den High-Tech-Kameras, die die Industrie liefert, denn es lässt sich aus einer Streichholzschachtel, einem Farbkübel, einem Schuhkarton oder – wie Andrea Good es tut – aus einem Schiffscontainer, einem Hotelzimmer oder einer Kirche eine Camera obscura bauen. Seit den 60er Jahren für die Kunstfotografie wiederentdeckt, lässt es die Lochkamera zu, in Zeiten allgemeiner Hetze langsam zu arbeiten und individuell gewählte Gehäuseformen mit den Möglichkeiten der zeitgenössischen Fototechnik, etwa verschiedenen Filtern oder Farbpapieren in grossen Formaten, zu kombinieren. Je nach Papier und Filter schimmern die leicht unscharfen Bilder in Blau- oder Rottönen.

Andrea Goods riesige Container-Lochkamera nun, auf einem Parkplatz (Oberiberg, 2002), an der Autobahn (Brüttiseller-Kreuz, 2001) oder auf dem Güterbahnhof (Zürich, 1998 und 2000) aufgestellt, lieferte nach Belichtungszeiten von mehreren Stunden bis zu rund einer Woche denn auch wandfüllende Querformate. Es sind Bilder von verträumter Ausstrahlung, Landschaften, die auf mysteriöse Weise ihrem Vorbild ähnlich sind – und doch auch unähnlich, weil offensichtlicher vom Medium mitgeprägt als Fotografien mit «richtigen» Kameras. Im Bild, das die Lochkamera aufzeichnet, sind Ereignisse von kurzer Dauer – vorbeifahrende Autos, sausende Skifahrer – ausgeblendet, denn das Kamera-Gedächtnis speichert nur, was von Dauer ist. Der Mensch ist deshalb eine quantité négligeable. Was bleibt, sind seine Spuren und die sanft in der Zeit sich bewegende Natur selbst: Skispuren und Skilifte, Häuser, Leitplanken, Asphaltstreifen und Pfosten, Büsche und Bäume, das Sonnenlicht in Streifen und Punkten. So wird der Mensch zu dem, was er im grossen Bogen der Zeit auch ist, einem Wesen, das entsteht, lebt und wieder stirbt, Spuren hinterlässt und trotz aller (erfolgreichen) Versuche, die Natur zu beherrschen und zu verändern, in ihr wieder aufgeht und verschwindet. Die unaufhörlich rinnende Zeit ist mit im Bild aufgezeichnet und sichtbar gemacht. Das Hektische, Ruhelose des Lebens wird dabei aufgesogen von den langsameren Ereignissen, den dauerhaften Dingen – diese schreiben sich im Bild ein. Zu sehen ist jedoch nicht nur ein Gegenbild zur Geschwindigkeit, eine gar ins Nostalgisch-Romantische tendierende Sehnsuchtslandschaft. Andrea Goods Arbeiten sind vielmehr ein fotografisches Sondieren in den tieferen Schichten der Ereignisse hinter der betriebsamen Oberfläche, auf der sich die Menschen tummeln, mit ihren Autos von Ziel zu Ziel hetzen, Aufträge ausführen, den Freizeitvergnügungen nachjagen, Ideen umsetzen, Wünsche zu erfüllen suchen. Hinter dieser Schicht gibt es das Unoffensichtliche, das für schnelle Blicke unsichtbar bleibt. Schaut man länger – oder schauen die Kamera und das Fotopapier gewissermassen gleichgültig gegenüber der anstrengenden Betriebsamkeit –, dann zeigt sich dieser Unter- oder Hintergrund der Existenz.

Wovon sich Menschen welche Bilder machen und auf wen diese Bilder wie wirken, gab und gibt immer wieder Grund zu erbitterten Auseinandersetzungen. Ob man die «illiterati», die Analphabeten, mit Christus- oder Mariendarstellungen religiös-moralisch belehren dürfe, wie die offensichtlich vorhandene menschliche Lust am Bild in die offizielle kirchliche Praxis einbezogen werden könnte, ob die Kirchen mit reichen Fresken, Gemälden und Skulpturen ausgestattet oder vielmehr möglichst leer gelassen werden sollen: Die Heftigkeit, mit der dieser Streit geführt, Bilderverbote vehement ausgesprochen und zugleich Argumente für die bildliche Darstellung bis in fein ziselierte Dimensionen getrieben wurden, zeigt vielleicht vor allem die geradezu beängstigende Macht der Bilder. Und mit der Erfindung der Fotografie wird diese Macht womöglich noch gesteigert. Schnell vermittelt sie doch einen Sachverhalt, der offensichtlich seinen Ursprung in der sichtbaren Welt hat. Wir glauben schnell, was wir sehen.

In der zur Camera obscura abgedunkelten Kirche Oberwinterthur nun wohnen die Anwesendem einem religiösen und einem künstlerischen Vorgang bei, einem Gottesdienst nämlich, während dessen sie vor ihren Augen ein Bild aus dem Dunkeln erscheinen sehen. In der Dunkelheit zuerst ganz aufs Hören und Fühlen konzentriert, isoliert in der Black Box, wie man heute wohl sagen würde, getrennt vom Ursprung der Erscheinung, sehen die Teilnehmer des Gottesdienstes auf der dem Linsen-Loch gegenüberliegenden Wand das lange Panorama-Bild dessen aufscheinen, was für sie unsichtbar ist – die Umgebung der Kirche. Es ist ein Bild ohne sichtbares Vorbild, eine vom Medium beeinflusste Sicht also, die nicht von Auge nachkontrolliert werden kann. Kann ich glauben, was ich sehe? Der Kirchenraum ist jetzt nicht nur der geistige «Sammlungsort», sondern wirklich auch die Kamera, der Sammlungsort der Lichtstrahlen. Die wie aus dem Verborgenen getane Sicht, die den Camera obscura-Bildern eigen ist – als würde der Fotografierende mit in der Kamera sitzen und von dort aus durch das Loch in die Welt hinausschauen – wird zur sinnlichen Erfahrung. Wie Andrea Goods andere Panoramen ist dieses Bild voller Poesie und Magie und zugleich etwas unheimlich und melancholisch: Als wäre es ein Blick in eine Welt nach dem Menschen.

Der Container, der Experimentierraum
von Andrea Good, auf dem
Bahnhofareal in Winterthur

Andrea Good
Place du Palais Royal, 24. August 2004
Belichtungszeit 1 Std. 41 Min.
Unikat, Farbpapier 183 x 334 cm

Andrea Good
Tour Eiffel, 22. August 2004
Belichtungszeit 37 Minuten
Unikat, Farbpapier 183 x 436 cm

Andrea Good
Oberiberg, 7.–14.2. 2002
Belichtungszeit 166 Std
Unikat, Ilfochrome 127 x 404 cm

Bilderverbot – eine Altlast der Reformation?
Maja Ingold

Du sollst dir kein Bildnis machen! Nicht nur von den Kanzeln der damaligen Kirchen herab wurden die Zuhörer ermahnt. Die Obrigkeit griff ganz direkt ins religiöse Leben der Gläubigen ein. Keine Malereien mehr sollten den Kirchgängern Heimat und Hilfe geben. Fort mit den Heiligen, den Engeln und den Bildergeschichten. Nichts sollte ablenken von dem was zählt, dem Wort, der Lehre. So wurde über die Führung zu einem gottesfürchtigen Leben streng gewacht.

Heute kann keine Obrigkeit mehr das Leben einer Bevölkerung steuern, jedenfalls nicht in der Schweiz. Die Verfassung garantiert uns einerseits wichtigste individuelle Freiheiten und anderseits den Schutz vor Verletzung unserer Rechte. Auch heute wird die Veröffentlichung von Bildern verboten, wenn sie den Persönlichkeitsschutz gefährdet, diskriminiert oder menschenverachtend ist. Unsere modernen «Bilderwächter» sichern die demokratische Rechtsordnung und regeln die differenzierte Anwendung.

Die Kontroverse um Mel Gibsons Film Passion zeigt, wie delikat die Grenzen zwischen künstlerischer Freiheit und der Verletzung religiöser Gefühle oder Diskriminierung sind, weil auf beiden Seitern individuelle Grundrechte tangiert werden. Die Heftigkeit der öffentlichen Diskussion belegt den Stellenwert der visuellen Kommunikation heute, ihre Chancen und zugleich Risiken für die Gesellschaft.

Das Ziel deckt sich wohl weitgehend mit dem der Obrigkeit des 16. Jahrhunderts: Rahmenbedingungen setzen für das friedliche Zusammenleben der Menschen, den Wertediskurs beleben und die Gemeinschaft fördern. Aber was heisst das für die heutige Gesellschaft? Was sie kennzeichnet, lässt sich gerade anhand ihres Umgangs mit Bildern skizzieren. Ohne Bilder geht heute nichts. Die Bilderflut ist inflationär. Ihre Grenzen sind nurmehr technologische, und das heisst vorläufige. Die Folgen davon sind Überreizung, zunehmender Verlust der Fähigkeit zur Differenzierung, zur Auswahl und zur Dosierung. Charakteristisch für die Bilderflut ist auch ihr unübersehbarer Mix.

Die Kommunikationstechnologie und die Globalisierung bringen es mit sich, dass die multikulturelle Gesellschaft eingedeckt wird mit Bildern aus allen Kulturen und Religionen, von Bräuchen, Lebensstilen und Ereignissen dieser Welt. Wen wunderts, wenn diese Gesellschaft in diesem Angebot der Bilder, Haltungen und Werte immer mehr Mühe mit der Orientierung bekundet.

Eine Auseinandersetzung mit dem Bilderverbot, wie sie das Ausstellungsprojekt anstösst, bietet die Chancen neuer Wahrnehmung. Der grellen Bilderflut wird die Leere, die totale Dunkelheit gegenübergestellt, der Bildinflation eine gezielte Selektion. Mit der Reduktion kann Raum geschaffen werden für eine Auseinandersetzung mit der Frage, was hinter dem Bilderverbot stand. Sie hat mit dem Gottesbild zu tun. Wer ist Gott? Mit der Fragestellung wird die persönliche religiöse Biografie aufgerollt. Wie habe ich mir Gott vorgestellt ohne Bild? War ich nicht hin- und hergerissen zwischen Faszination und Abstossung angesichts von Bildern, die dieses Geheimnis Gottes ein Stück weit enthüllten (der Arm Gottes in der Sixtina, die Darstellung im Isenheimer Altar)? Und wer kennt nicht die Flucht in die Bilderlosigkeit von leeren romanischen Kirchen oder Moscheen? Und dort die Entdeckung der Fülle in der Leere? Die persönliche Geschichte mit dem Bilderverbot ist auch diejenige mit dem eigenen spirituellen Suchweg und mit dem Wandel des Sehverhaltens.

Stimmen

Stimmen aus Theologie und Kunstgeschichte

Zusammengestellt von Johannes Stückelberger und Matthias Zeindler

Hans Belting

Die Kirche, die einmal die Bilder instrumentalisierte, müsste eigentlich heute, wenn ich einmal so utopisch reden darf, die Bildlosigkeit, die Transzendenz des Bildes, sie müsste die Unsichtbarkeit und die Undarstellbarkeit der grossen Themen des Menschen, der Religion schützen und propagieren. Sie müsste Bildaskese betreiben. Sie müsste wieder ins Bewusstsein bringen, dass ebenso wenig, wie sich die Welt in Informationen begreifen lässt, sich die Welt und die Dinge, die uns wirklich wichtig sind, darstellen lassen. Was uns wirklich wichtig ist, davon lässt sich kein Bild machen.

Gottfried Boehm

Was an den Bildern veranlasste denn überhaupt Bilderverbote? Der ikonoklastische Eingriff erscheint doch nur dann plausibel, wenn er nötig ist und ans Ziel zu führen verspricht. Nötig aber ist er, wenn die intervenierende Gegenmacht mit einer primären Bildmacht zu rechen hat. Mit anderen Worten: nur unter der Annahme, dass Bilder Macht repräsentieren (und sei es eine ästhetische Potenz oder Kraft, die sich von sakralen Ikonographien löste), ist das Bilderverbot eine erwartbare Komponente der historischen Entwicklung.

[…] das Bilderverbot sieht in Jahwe vor allem den Unvergleichlichen, den primären Urheber, der nicht an die Kette der Metaphern gelegt werden darf. Er ist der ganz Andere, der Unsichtbare, der Verborgene, der Furchterregende, der Allmächtige – den auch die menschliche Erfahrung nur via negationis vorzustellen imstande ist. Jedes Bild (nicht nur das Goldene Kalb, welches den Zorn Moses' auf sich zog), sofern es auf das kardinale Urbild zielt, müsste dieses ,Ganz Andere' in seiner Realität schwächen und damit verfälschen. Umgekehrt liegt in der Konsequenz des Verbotes auch eine Aussage über die Bilder: Ihre Macht erscheint von der Art, dass sie einer solchen Minderung des Allerhöchsten fähig sind. Dies erklärt auch, warum das Gebot der Bildlosigkeit nicht beiläufig, sondern an der Spitze des Dekaloges erscheint. Worin besteht nun aber diese unerhörte Macht der Bilder? Offenbar in ihrer Fähigkeit, ein unsichtbares und fernes Sein zu vergegenwärtigen, den Raum der menschlichen Aufmerksamkeit damit völlig zu erfüllen. Vor alleme aber besteht sie in der Kraft der Verähnlichung, des sich Gleichsetzens mit dem Dargestellten, so sehr, dass das Bild mit seinem Inhalt völlig verschmilzt.

Jérôme Cottin

Das Wort hören, heisst sehen lernen. So unvermittelt ist dies eine überraschende Feststellung. Sie gründet sich auf das unmittelbar in der Schrift festgehaltene Wort Gottes. Der Gott, der spricht, ist zugleich der Gott, der erschafft und der sieht, was er geschaffen hat. Daher, von diesem Anfang an, kann man von dem sichtbaren Wort sprechen. Mit der Erschaffung der Welt und des Menschen in dieser Welt erschafft Gott indirekt auch das Bild, das zugleich Realisation dieser Welt und ihre mögliche Reproduktion ist. Wenn es keinen Gott ohne Welt und ohne Menschheit gibt, so heisst das auch, dass es das Wort nicht gibt ohne eine Einbeziehung des Bildes, sei es nun im Denken (der Mensch denkt in Bildern), narrativ (der Mensch ist ein Sprachwesen und kommuniziert mit Zeichen) oder gegenständlich (der Mensch erschafft Gegenstände). Wenn man sich mit dem Bild befasst, dann entdeckt man, dass man sich auf in der Theologie allzu oft vernachlässigte Gebiete einlässt, wie Schöpfung, Anthropologie oder Ästhetik. Mit der Erschaffung der Welt und der Menschheit erschafft Gott zugleich auch das Bild. Allgemeiner ausgedrückt könnte man sagen, dass es keine Theologie ohne Kultur gibt, kein Wort Gottes ohne die Sprache des Menschen, keine bezeichnende Mitteilung ohne symbolische Dimension.

Wenn wir Gott den Schöpfer des Bildes nennen, so doch immer nur indirekt, allein kraft seines Wortes. Der biblische Gott offenbart sich nicht in Bildern, und die Bibel ist kein Bilderbuch und auch keine Bilderschrift. Kein Bild kann den Anspruch erheben, göttlich zu sein oder auch nur der Schrift vergleichbar, denn allein die Schrift ist Gottes Wort. Wollte man sich aber mit diesen Feststellungen begnügen, so hiesse das, auf halbem Weg stehen zu bleiben. Denn die Schrift ist sehr wohl eine aus vielen Bildern zusammengesetzte Schrift, und auch diese Bilder sind Gottes Wort. Die Bibel ist Gottes Wort nicht trotz ihrer visuellen Dimension, sondern mitsamt dieser Dimension: Die Schrift besteht aus Erzählungen und Dichtungen, Worten und Metaphern, deduktiver und symbolischer Sprache, was alles zusammen den Stoff ergibt, dessen Gott sich bedient hat, um mit den Menschen zu reden. Die Bibel ist beides, Sprache des Wortes und Sprache der Bilder.

Gott offenbart sich nicht ausserhalb menschlicher Kategorien; so ist die Frage, ob das Bild auch Gottes Wort sein könne, durchaus legitim und stellt sich aus kerygmatischer Perspektive. Dem Wort eignet etwas Abbildendes, wenn es sich der Vermittlung der menschlichen Sprache bedient. Auf der Voraussetzung einer umfassenden Hermeneutik der Sprache, die beides einschliesst: Form und Fundament, Zeichen und Bedeutung, das Sichtbare und das Visuelle – sind das Hören des Wortes und das Betrachten von Bildern ein und dasselbe. Der Glaubende sieht Gott im Hören seines Wortes, und er hört Gott im Betrachten der Welt.

Darum steht die Annahme eines Gegensatzes zwischen Wort und Bild im negativen wie auch in einem eher positiven Sinn semantisch und theologisch auf schwachen Füssen. Eine umfassende Hermeneutik der biblischen Sprache muss die menschliche Sprache in ihrer Gesamtheit aus Wort und Bild berücksichtigen.

Reinhard Hoeps

Die Ursprünge eines jüdisch-christlichen Bildbegriffs liegen im Ikonoklasmus, der im Laufe der Religionsgeschichte oft die strengere Argumentation ausbildete als die tolerante Haltung der Bilderduldung. Darüber hinaus konstituiert er aber auch noch die Bilder des Christentums und ihren Gebrauch, insofern sie den Affront des Bilderverbotes nicht einfach tilgen, sondern sich aus der Auseinandersetzung mit ihm herausbilden. Die Kritik des Bildes ist ihnen zur Sache des Bildes selbst geworden. Die Theologie, aus der Bildvergessenheit erwacht, könnte sich als ein Ort genuiner Bildkritik wie der Reflexion des kritischen Bildes etablieren.

Eckhard Nordhofen

Der Gott des Monotheismus hat sich offenbart als ein verborgener Gott, der sich dem definierenden Zugriff des Menschen ebenso entzieht, wie es das Bilderverbot für die Kunst fordert. Das Faszinosum religiöser Kunst ist dort am grössten, wo sie das Unsagbare, das Verschwinden und das Mysterium zu Vorschein bringt.

Michael Weinrich

Kein Gebot wird so häufig und mit so hoch erhobener Hand übertreten wie das Gebot der Abgötterei, zu dem auch das Bilderverbot gehört. Während Gott uns mit Wolke und Feuersäule den Weg aus der ungastlichen Wüste in das gelobte Land zu weisen sucht, schlagen wir das Lager auf und versuchen gegen den Frust anzutanzen, den der Weg durch die Wüste so mit sich bringt. Ein bisschen von dem gelobten Land soll sich doch jetzt schon einmal vorwegereignen. Das allein ist noch gar nicht das Problem. Vielmehr besteht es darin, dass uns der Stier hier in der Wüste festhalten wird. Er hat uns eine Menge gekostet, und wie gesagt: er betört das Gemüt, so dass man die Wüste darum herum perfekt zu vergessen beginnt. In Las Vegas – diesem perfekten Vergnügungszentrum mitten in der Wüste – ist immer etwas los, eine ebenso betörende wie trügerische Glitzerwelt, in der sich im besten Fall genau das gewinnen lässt, was dort investiert wird, vielleicht auch etwas mehr, aber eben nichts anderes. Wahrscheinlicher aber ist, dass wir das, was wir in diesen Wüstenglimmer investieren, verlieren werden. Noch hat kein goldener Stier eine Wüste fruchtbar gemacht, um vom gelobten Land ganz zu schweigen.

Der religiöse Goldrausch beschäftigt uns mit uns selbst. Der Gottesdienst wird zur religiösen Selbsthilfe. Und das macht ihn dann auch asozial, denn die Investitionen, die in den goldenen Stier gesteckt werden, gelten ja vor allem den Investoren selbst. Im Unterschied zu den Armen wird uns das goldene Gottesbild den Glanz nicht verweigern, den wir in es hineinlegen. Es antwortet uns zuverlässig, und solange wir ihm sagen, was wir hören wollen, werden wir mit ihm zufrieden sein. Und weil bei diesem religiösen Schneewittchenspiel immer einige Zweifel bleiben, treten wir immer wieder erneut vor den Spiegel unserer Gottesbilder und hoffen auf die ersehnte Bestätigung. Ein endloses Spiel der Selbstbeweihräucherung, in dem jede und jeder mit seinem intimen Gottesbild für sich bleibt. Wenn der Mensch zu Gott nicht aus sich herausgeht und dabei dann auch den anderen in ihrer Armut begegnet, sondern sich in seiner Frömmigkeit in sich selbst hineintanzt, ist es kein Wunder, wenn er dann am Ende auch allein sich selbst begegnet.

Stellennachweis

Hans Belting, «Skizzen zur Bilderfrage und zur Bilderpolitik heute», in: Eckhard Nordhofen (Hg.), Bilderverbot. Die Sichtbarkeit des Unsichtbaren, Paderborn: Schöning, 2001, S. 36.

Gottfried Boehm, «Die Lehre des Bilderverbotes», in: Bilderverbot und Gottesbilder, in: Kunst und Kirche, 1, 1993, S. 26 und 29.

Jérôme Cottin: Das Wort Gottes im Bild. Eine Herausforderung für die protestantische Theologie, Göttingen 2001, S. 303f.

Reinhard Hoeps, «Gebirgslandschaft mit Bilderstreit. Braucht die Theologie die Kunst?», in: Theologische Revue, 5, 2000, S. 366.

Eckhard Nordhofen, «Vorwort», in: Eckhard Nordhofen (Hg.), Bilderverbot. Die Sichtbarkeit des Unsichtbaren, Paderborn: Schöning, 2001, S. 13.

Michael Weinrich: «Die Wahrheit des Bilderverbots», in: reformierte akzente 6 (2002), S. 23f.

Texte zum Bilderverbot
Zusammengestellt und kommentiert von Matthias Krieg

Biblische Schlüsseltexte

2. Mose 20,4: Das Zweite Gebot (Text 1)

1 Du wirst dir kein Gottesbild machen, keinerlei Abbild,
2 weder dessen, was oben im Himmel, noch dessen, was unten auf Erden, noch dessen, was in den Wassern unter der Erde ist.
3 Du wirst sie nicht anbeten und ihnen nicht dienen.
4 Denn ich, der Herr, dein Gott, bin ein eifersüchtiger Gott,
5 der die Schuld der Väter heimsucht bis ins dritte und vierte Geschlecht an den Kindern derer, die mich hassen,
6 der aber Gnade übt bis ins tausendste Geschlecht an den Kindern derer, die mich lieben und meine Gebote halten.

Das sogenannte «Bilderverbot» (Text 1) geht vordergründig auf einen einzigen Text zurück: auf das zweite der Zehn Gebote, und zwar nach der Zählung der hebräischen Bibel, auf die der reformierte Zweig der Protestanten bei seiner Suche nach der «veritas Hebraica» zurückgegriffen hat. Juden und Reformierte kennen somit eine Teilung des Dekalogs in die vier theologischen Gebote der einen «Tafel» und die sechs ethischen der andern. Die Abfolge lässt sich negativ beschreiben als Verbote des Polytheismus, der Götzenbildnerei, des Namensmissbrauchs und der Rastlosigkeit, aber auch positiv als Gebote des Monotheismus, des Darstellungsverzichts, der Namensehrung und der Sabbatruhe. Im Hebräischen ist nicht ein legalistischer Imperativ zu hören, sondern ein autoritativer Prohibitiv (1.3). Der Dekalog ergeht aus dem Mund jenes Gottes, der seine patriarchenhafte Autorität aus dem Befreiungskampf bezieht, der in der Erinnerung an die Fron in Ägypten und den Exodus durchs Nildelta lebendig bleibt (2. Mose 20,2). Der ihn möglich gemacht hat, darf diese vier Gebote aussprechen, die ein erkennbares und unterscheidbares Profil des Glaubens prägen. Darstellungsverzicht bedeutet dabei zunächst, physisch auf alle Bildwerke und Devotionalien zu verzichten, in denen Gott anthropomorph oder kosmomorph, also in der Erscheinung irgendeines von ihm Geschaffenen (2), dargestellt (1) und Objekt religiöser Verehrung wird (3). Darstellungsverzicht hat aber auch virtuell zur Folge, dass jegliche Vorstellung von Gott, gerade weil sie nicht ohne Bezug zu Raum und Zeit auskommt und wie selbst hier (4) notwendig mit Anthropomorphismen einhergeht, relativiert werden muss und nicht absolut werden darf. Geboten sind Vorstellungen von Gott, verboten sind Darstellungen von Gott.

2. Mose 3,1b–6.13–14: Mose am Dornbusch (Text 2)

1 Einst trieb er die Schafe über die Steppe hinaus und kam an den Gottesberg, den Horeb.
2 Und der Engel des Herrn erschien ihm in einer Feuerflamme, die aus dem Dornbusch hervorschlug. Und als er hinsah, siehe, da brannte der Busch im Feuer, aber der Busch ward nicht verzehrt.
3 Da dachte Mose: Ich will doch hinübergehen und diese wunderbare Erscheinung ansehen, warum der Dornbusch nicht verbrennt. Und der Herr sah, dass er herüberkam, um nachzusehen.
4 Und Gott rief ihm aus dem Dornbusch zu: Mose! Mose! Er antwortete: Hier bin ich. Da sprach er: Tritt nicht heran! Ziehe die Schuhe von den Füssen, denn die Stätte, darauf du stehst, ist heiliges Land.
5 Dann sprach er: Ich bin der Gott deines Vaters, der Gott Abrahams, der Gott Isaaks und der Gott Jakobs. Da verhüllte Mose sein Antlitz, denn er fürchtete sich, Gott anzuschauen ...
6 Da sprach Mose zu Gott: Siehe, wenn ich nun zu den Israeliten komme und ihnen sage: Der Gott eurer Väter hat mich zu euch gesandt, und wenn sie mich fragen, welches ist sein Name, was soll ich ihnen dann antworten? Gott sprach zu Mose: Ich bin, der ich bin. Und er fuhr fort: So sollst du zu den Israeliten sagen: Der Ich-bin hat mich zu euch gesandt.

Der Dekalog geht auf eine mündlich überlieferte Zehnfingerregel zurück. Eltern lehrten sie ihre Kinder, Lehrer ihre Schüler. Das kleine Regelwerk ist daher inhaltlich kein Original, sondern spiegelt einen breiten ethischen Konsens, indem es ihn zusammenfasst und katechetisch zur Kette zehn merkbarer Punkte reiht. Wie breit der Konsens hinsichtlich des zweiten Gebots war, zeigen wesentlich ältere erzählende Texte des Alten Testaments, darunter jener von der Berufung des Mannes mit dem ägyptischen Namen zum Sippenchef von Wüstennomaden, die später unter dem Namen «Israel» ihre wundersame Befreiung aus ägyptischer Fron erleben. Die Dornbuschgeschichte (Text 2) bindet die Unabbildbarkeit Gottes an die Landschaften der Steppe und Wüste (1), an geologische Formen und biologische Bedingungen, die von Reduktion und Verzicht geprägt sind und dadurch ein begrenztes ästhetisches Ensemble schaffen, zu dem etwa extreme Helligkeit, starke Kontraste, überwiegende Monochromie, seltene Vielfarbigkeit und taktile Reize gehören. Es fällt auf, wie viele biblische Texte, die sich mit menschlicher Vorstellung von Gott oder göttlicher Erscheinung vor Menschen befassen, in Steppe und Wüste beheimatet sind, angefangen beim Dekalog selbst. In der Leere der Welt kommt die Fülle Gottes zur Vorstellung und Erscheinung. Auch hier spielen taktile Reize wie Dornen und Flammen eine Rolle (2–3), wird das Erscheinen und Sehen Gottes unerträglich (5), ist lebensfeindliches Land heiliger Boden (1.4), bleibt Gott namenlos und wirksam (6). Das hebräische Wortspiel mit den Konsonanten des (unaussprechlichen) Gottesnamens JHWH bringt das sehr häufige Verb hjh ins Spiel, das jedoch nicht dem deutschen Hilfsverb «sein» ähnelt, sondern dem philosophischen Vollverb «Sein». Bedenkt man, dass die Kenntnis des Namens in alten Kulturen haptische Macht bedeutet, den Benannten herbeizuzitieren, ihn zu vergegenwärtigen, seiner habhaft zu werden, so drückt die Dornbuschgeschichte eine Gottesvorstellung aus, die ungewöhnlich und einmalig ist: Dieser Gott erscheint, indem er sich entzieht, ist unnahbar wie Stacheln und Feuer und unvergänglich wie Wüstenhitze und Karstgebirge. Jedes Bild von ihm muss verdunsten, wie Wasser des Kulturlands im Wüstenwadi versickert.

Exodus 32,1–8: Das Goldene Kalb (Text 3)

1 Als das Volk sah, dass Mose so lange nicht vom Berge herabkam, sammelte es sich um Aaron und sprach zu ihm: Auf, mach uns einen Gott, der vor uns herziehe, denn wir wissen nicht, was dem da zugestossen ist, dem Mose, dem Mann, der uns aus dem Land Ägypten heraufgeführt hat.

2 Aaron sprach zu ihnen: Reisst die goldenen Ringe ab, die eure Frauen, eure Söhne und Töchter an den Ohren tragen, und bringt sie zu mir her. Da rissen sich alle Leute die goldenen Ringe ab, die sie an den Ohren trugen, und brachten sie zu Aaron. Und er nahm das Gold aus ihrer Hand, goss es in eine Tonform und machte daraus ein gegossenes Kalb.

3 Da sprachen sie: Das ist dein Gott, Israel, der dich aus dem Land Ägypten heraufgeführt hat.

4 Als Aaron das sah, baute er einen Altar vor demselben und liess ausrufen: Morgen ist ein Fest für den Herrn. Und am andern Morgen in der Frühe opferten sie Brandopfer und brachten Heilsopfer dar.

5 Danach setzte sich das Volk nieder, um zu essen und zu trinken, und dann erhoben sie sich, um sich zu belustigen.

6 Da sprach der Herr zu Mose: Geh, steige hinab, denn dein Volk, das du aus dem Land Ägypten heraufgeführt hast, frevelt. Gar bald sind sie von dem Weg abgewichen, den ich ihnen geboten habe. Sie haben sich ein gegossenes Kalb gemacht, haben es angebetet und ihm geopfert und gesagt: Das ist dein Gott, Israel, der dich aus dem Land Ägypten heraufgeführt hat.

Was der Dekalog untersagt und empfiehlt, lässt auf Praktiken schliessen, die jederzeit möglich und üblich waren. Die sprichwörtliche Geschichte vom Bild einer Stiergottheit bietet das Anschauungsmaterial (Text 3), wenn auch nun am Ort der Gesetzgebung selbst das Sakrileg geschieht (1.6), das die Kanaanäer immer und die Israeliten gelegentlich begingen (1. Könige 12,26–33). In unmittelbarer Nähe des Gottesberges (3,1 wie 2,1) passiert das Verbotene: Ein Gottesbild wird «gemacht» (3,2.6 wie 1,1), und es wird als religiöses Kultobjekt angebetet und bedient (3,4.6 wie 1,3). Freche Zuspitzung liegt darin, dass genau der JHWH, dessen namenloser Name (2,6) untrennbar mit dem Exodus verbunden ist, nun durch den weithin im Kulturland gebräuchlichen Stier ersetzt wird, egal ob man an den ägyptischen Apis oder den kanaanäischen Baal denkt: Der monotheistische und im Offenen der Wüste mobile «Ich-bin» der Nomaden wird systemisch durch den polytheistischen und im Geschlossenen des Pantheons immobilen Stier ersetzt. Von dem gilt nun absurderweise, was von «ihm» galt (3.6).

1. Könige 19,7–13: Elia am Horeb (Text 4)

1 Der Engel des Herrn kam zum zweitenmal, berührte ihn (Elia) und sprach: Steh auf und iss, sonst ist der Weg für dich zu weit.

2 Da stand er auf, ass und trank und wanderte dann kraft dieser Speise vierzig Tage und vierzig Nächte bis an den Gottesberg Horeb. Dort ging er in eine Höhle hinein und blieb darin über Nacht.

3 Und siehe, da erging an ihn das Wort des Herrn: Was tust du hier, Elia? Er antwortete: Geeifert habe ich für den Herrn, den Gott der Heerscharen, denn Israel hat dich verlassen. Deine Altäre haben sie niedergerissen und deine Propheten mit dem Schwert getötet. Ich allein bin übrig geblieben, und sie trachten danach, mir das Leben zu nehmen. Er aber sprach: Geh hinaus und tritt auf den Berg vor den Herrn!

4 Siehe, da ging der Herr vorüber: Ein grosser, gewaltiger Sturm, der Berge zerriss und Felsen zerbrach, kam vor dem Herrn her, aber der Herr war nicht im Sturm.

5 Nach dem Sturm ein Erdbeben, aber der Herr war nicht im Erdbeben.

6 Nach dem Erdbeben ein Feuer, aber der Herr war nicht im Feuer.

7 Nach dem Feuer das Flüstern eines leisen Wehens.

8 Als Elia dieses hörte, verhüllte er sein Angesicht mit dem Mantel, ging hinaus und trat an den Eingang der Höhle.

9 Siehe, da sprach eine Stimme zu ihm: Was tust du hier, Elia?

Auch die bekannte Eliageschichte berührt die gleichen Motive (Text 4): Der Protagonist steht am Gottesberg der Wüste (4,2 wie 2,1 und 3,1), und das Volk ist abtrünnig (4,3 wie 3,6). Theologische Gottesvorstellung und religiöse Glaubenspraxis klaffen auseinander. Wie Mose erscheint Elia erst der Gottesbote (4,1 wie 2,2) und dann die Gottheit (4,7–8 wie 2,4), wie Mose verhüllt Elia sein Gesicht (4,8 wie 2,5). Der Begehrte ist auch der Unerträgliche. Der unabbildbare Gott wird wie im Zweiten Gebot in keinerlei kosmomorpher Gestalt erfahren (4,4–6 wie 1,2), anders als bei Mose auch nicht im Feuer. Gott erscheint nicht als mesopotamisch-kanaanäischer Wettergott im Naturschauspiel der Theophanie (Psalm 18,8–16), sondern paradox und worthaft in der «Stimme einer Stille» (7): Gottes paradoxe Sinnlichkeit ist hier zugleich die theologische Kritik religiöser Mythen, ein fundamentales Stück prophetischer Entmythologisierung. Die pralle Welt der Mythen vertrocknet in der dürren Reduziertheit der Wüste.

Johannes 4,19–26: Die Samaritanerin am Brunnen (Text 5)

1 Die Frau sagt zu ihm: Herr, ich sehe, du bist ein Prophet. Unsere Väter haben auf diesem Berg angebetet, und ihr sagt, in Jerusalem sei der Ort, wo man anbeten muss.

2 Jesus spricht zu ihr: Glaube mir, Frau, die Stunde kommt, da ihr weder auf diesem Berg noch in Jerusalem den Vater anbeten werdet. Ihr betet an, was ihr nicht kennt. Wir beten an, was wir kennen, denn die Rettung kommt von den Juden. Aber die Stunde kommt, und sie ist jetzt da, in der die wahren Anbeter den Vater anbeten werden in Geist und Wahrheit, denn auch der Vater sucht solche, die ihn auf diese Weise anbeten.

3 Gott ist Geist, und die ihn anbeten, müssen in Geist und Wahrheit anbeten.

4 Die Frau sagt zu ihm: Ich weiss, dass der Messias kommt, den man den Christus nennt. Wenn jener kommt, wird er uns alles kundtun. Jesus spricht zu ihr: Ich bin es, ich, der mit dir spricht.

Im Neuen Testament wird die Einschätzung der Bilder und der Manifestation des Heiligen nicht grundsätzlich anders. Der Ausschnitt aus einer reichhaltigen Geschichte (Text 5) zeichnet das Bild einer Randständigen mit überraschendem Wissen: Sie identifiziert Jesus als Theologen mit der Geistigkeit der Prophetie und kennt die prophetisch reduzierende Kultzentralisation in Jerusalem (5,1 wie 5. Mose 12). Das durchlaufende Stichwort «anbeten» macht den Ausschnitt zu einem Midrasch des Zweiten Gebotes (1,3), zu einer christologischen Auslegung des theologischen Gebots: Auf *keinem* Berg soll Gott angebetet werden, weder auf dem Garizim der Samaritaner noch auf dem Zion der Juden (2), nicht real an einem Kultort mit Kultbauten sondern virtuell «in Geist und Wahrheit» (2–3). Der Evangelist Johannes lässt seinen Jesus ankündigen, was nach Karfreitag und Ostern für die Christen, die Gott als Christus erfahren haben (4), wesentlich wird: Der theologisch vorgestellte Gott verliert nun auch noch seinen anerkannten religiösen Kultort. Der Unabbildbare wird wieder der Ortlose, eine weitere prophetisch-kritische Reduktion wie zur Wüstenzeit (5,3 wie 4,7). Gott ist eremimorph.

Apostelgeschichte 7,44–50: Die Rede des Stephanus (Text 6)

1 Unsere Väter hatten in der Wüste das heilige Zelt, wie der, welcher zu Mose redete, befohlen hatte, es zu machen nach dem Urbild, das er gesehen hatte.

2 Und dieses überkamen unsre Väter und brachten es in Gemeinschaft mit Josua auch hinein in das Besitztum der Heiden, die Gott vor dem Angesicht unserer Väter vertrieb, bis zu den Tagen Davids.

3 Und dieser fand Gnade vor Gott und bat, dass er für den Gott Jakobs eine Wohnung finden dürfe.

4 Salomo aber erbaute ihm ein Haus, doch

5 der Höchste wohnt nicht in Bauwerken von Menschenhand.

6 Wie der Prophet sagt: Der Himmel ist mein Thron, die Erde aber ist der Schemel meiner Füsse. Was für ein Haus wollt ihr mir bauen, spricht der Herr, oder welches wäre die Stätte meines Wohnens? Hat nicht meine Hand dies alles gemacht?

In der Verteidigungsrede des angeklagten Christen Stephanus (Text 6) wird der Übergang zur Ortslosigkeit Gottes ähnlich gedacht: Die Verortung Gottes in Heiligtümern hatte ihre Zeit (6,1–4 wie 5,1). Prominente Namen sind damit verbunden. Der neue David jedoch beendet die Verwechselbarkeit des Ich-bin mit den Pantheonfiguren der Hochkulturen. Er denkt prophetisch (6,6 wie 5,1). Er formuliert merkbare Sentenzen (6,5 wie 5,3) als neue prophetisch-kritische Varianten des alten Gebots (1,1). Nun wird auch der erlaubte Kultort entmythologisiert. Dies wurde für die Reformierten zu einem wichtigen Motiv: Nicht *ein* Ort ist magisch und ewig geheiligt, was zwar religiöses Bedürfnis von Menschen ist (3,4–5), nicht aber theologischer Wille Gottes (4,4–7), aber eine Gotteserfahrung kann *jeden* Ort existentiell und augenblicklich heiligen (2,4). Dies lässt der Evangelist Lukas seinen Stephanus durch ein prophetisches Zitat ausdrücken (Jesaja 66,1–2), das für spätere Deutungen wichtig wird: Weil der Schöpfer *alles* geschaffen hat, kann nicht *ein* Geschaffenes seine ganze Repräsentanz beanspruchen (5). Alles, was ist, kann auf Gott, den Ich-bin, verweisen.

Apostelgeschichte 9,1–9: Paulus vor Damaskus (Text 7)

1 Saulus schnaubte noch Drohung und Mord wider die Jünger des Herrn, ging zum Hohenpriester und erbat sich von ihm Briefe nach Damaskus an die Synagogen, um, wenn er einige Anhänger der Glaubensrichtung fände, Männer sowohl als Frauen, sie gefesselt nach Jerusalem zu führen.

2 Während er aber dahinzog, geschah es, dass er in die Nähe von Damaskus kam, und plötzlich umstrahlte ihn ein Licht vom Himmel her, und er stürzte zu Boden.

3 Und er hörte eine Stimme, die zu ihm sprach: Saul, Saul, was verfolgst du mich? Da fragte er: Wer bist du, Herr? Der aber: Ich bin Jesus, den du verfolgst. Doch steh auf und geh hinein in die Stadt, und es wird dir gesagt werden, was du tun sollst.

4 Die Männer aber, die mit ihm reisten, standen sprachlos da, weil sie zwar die Stimme hörten, aber niemand sahen.

5 Da stand Saulus vom Boden auf. Obgleich jedoch seine Augen geöffnet waren, sah er nichts. Sie leiteten ihn aber an der Hand und führten ihn nach Damaskus hinein.

6 Und er konnte drei Tage lang nicht sehen und ass nicht und trank nicht.

Saulus erlebt seine Bekehrung zum Paulus zwar vor der damaligen Grossstadt Damaskus, aber sie geschieht, als wäre sie eine existentielle Gotteserfahrung der Wüste (Text 7): Gottes unerträgliche Helligkeit erreicht ihn und wirft ihn um (7,2 wie 2,2). Weil er sein Antlitz nicht verhüllt (wie 2,5 und 4,8), wird er geblendet (6). Paulus nimmt die Reduktion der Wüste auf sich (7,6 wie 4,2). Nun ist es aber nicht der Undarstellbare und Unnahbare, der Gestaltlose und Ortlose, sondern der Auferstandene, von dessen Dasein als Mensch das Evangelium des Lukas ja gerade erzählt hat (7,3 statt 2,6). Gott hat einen Namen und lässt sich identifizieren (3). Jesus Christus ist Gott (2). Was als Begleitmotiv erscheinen mochte (2,4 und 4,7–8), wird zentral: Gott lässt sich nicht sehen, sondern hören (4). Nicht mit Bildern ist er zu fassen, aber in seinem Wort zu erkennen. Den unsichtbaren Bildern korrespondiert das sichtbare Wort.

Amos 5,21–27: Prophetische Kultkritik (Text 8)

1 Ich hasse, ich verschmähe eure Feste
2 Und mag nicht riechen eure Feiern
3 Denn wenn ihr mir Brandopfer darbringt –
4 An euren Gaben habe ich keinen Gefallen
5 Und das Opfer eurer Mastkälber sehe ich nicht an
6 Hinweg von mir mit dem Lärm deiner Lieder
7 Das Spiel deiner Harfen mag ich nicht hören!
8 Aber es ströme wie Wasser das Recht
9 Und die Gerechtigkeit wie ein unversieglicher Bach
10 Habt ihr mir Schlachtopfer und Gaben dargebracht in der Wüste
11 Vierzig Jahre lang, Haus Israel?
12 So sollt ihr denn Sakkuth, euren König
13 Und Kewan, den Stern eures Gottes, dahintragen
14 Eure Bilder, die ihr euch gemacht habt
15 Und ich will euch über Damaskus hinaus in die Verbannung führen
16 Spricht der Herr, Gott der Heerscharen ist sein Name

Nicht nur narrative Literatur (Texte 2–7), auch lyrische (Texte 8–10) zeigt den Kontext des Zweiten Gebots auf, insbesondere die scharfen Anklagen der prophetischen Kultkritik. Der Prophet Amos tut dies kunstvoll mit einer Schelte des religiösen Tempelbetriebs (1–7), die den Festkalender (1–2), das Opferwesen (3–5) und den Tempelgesang (6–7) verwirft: Gottesdienst, Sakramente und Kirchenmusik unterliegen Gottes persönlichem Verdikt. Warum? Die Begründung (8–11) ist ethisch, indem auf gleichzeitig geschehendes Unrecht (8–9), und theologisch, indem auf die frühere Erfahrung der Wüste verwiesen wird (10–11). Dort hat Gott dem Mose das Recht übergeben (1,1–6), und Israel hatte keine Möglichkeiten zu viel Brimborium. Dort lebte man eine konzentrierte Zeit der Reduktion, worauf die Symbolzahl vierzig verweist (8,11 wie 4,2), liess aber bereits der religiösen Lust auf magische Vergegenwärtigung Raum (8,10 wie 3,4). Die Drohung Gottes im letzten Teil (12–15) ist nichts anderes als die konsequente Ausführung des Geschehenden bis zur schlimmstmöglichen Wendung: Götzenbilder, die man sich von weiter nicht bekannten, lokalen Gottheiten gemacht hat (12–14), sollen mobilisiert und dorthin getragen werden, wo Gottes Recht erging und des Volkes Unrecht erstmals bestraft wurde. Der Prophet kündigt eine recapitulatio an: Israel muss nochmals mit den vierzig Wüstenjahren beginnen, um seinen Gott und sein Geschick zu begreifen (vgl. Hosea 9,1–5). Jesu Tempelreinigung (Markus 11,15–19) geschah im Geist des Amos. Mit pervertiertem Kirchenkult, frühkapitalistischem Reliquienhandel und religiöser Gestaltungswut sahen sich auch die Reformatoren konfrontiert, während gleichzeitig Armut und Verelendung der Massen zunahmen. Die Argumentation, Gerechtigkeit zu üben, sei der bessere Gottesdienst, als Kirchenräume auszugestalten, geht auf kultkritische Prophetenlyrik zurück (8–9 statt 1–7).

Jeremia 10,2–10b: Prophetische Götzenpolemik (Text 9)

1 So spricht der Herr:
2 Gewöhnt euch nicht an die Weise der Heiden
3 Und vor den Zeichen am Himmel erschreckt nicht
4 Die Heiden erschrecken vor ihnen
5 Denn die Satzungen der Heiden sind nichtig
6 Ein Holz ist es, das man im Wald gehauen
7 Ein Machwerk, das die Hände des Werkmeisters mit der Axt gefertigt
8 Mit Silber und Gold macht man es schön
9 Mit Nagel und Hammer macht man es fest
10 Dass es nicht wackle
11 Der Scheuche im Gurkenfeld gleichen sie
12 Und können nicht reden
13 Tragen muss man sie

14 Denn sie können nicht gehen

15 Fürchtet euch nicht vor ihnen, denn sie tun nichts Böses

16 Aber auch Gutes zu tun, vermögen sie nicht

17 Dir, o Herr, ist niemand gleich

18 Gross bist du

19 Und gross ist dein Name durch Macht

20 Wer wollte dich nicht fürchten, du König der Völker

21 Denn das gebührt dir

22 Ist doch unter allen Weisen der Heiden

23 Und unter all ihren Königen keiner dir gleich

24 Allzumal sind sie unvernünftig und töricht

25 Eine nichtige Weisheit

26 Ein Holz ist es

27 Silberblech, das aus Tharsis gebracht wird

28 Und Gold aus Ophir

29 Ein Machwerk des Schnitzers

30 Und der Hände des Goldschmieds

31 Mit blauem und rotem Purpur sind sie bekleidet

32 Ein Werk der Kunstverständigen sind sie alle

33 Aber der Herr ist in Wahrheit Gott

34 Er ist ein lebendiger Gott und ewiger König

Der Prophet Jeremia wendet etwa 150 Jahre nach Amos die Kultkritik zur Götzenpolemik (Text 9). Sein Gedicht ist eine lustvolle Verspottung, eine religiöse Demontage, eine theologische Depotenzierung der Kultbilder. Zweimal werden sie entmythologisiert, so dass ihr magischer Symbolwert auf den zahlbaren Realwert schrumpft (2-16 und 24–32): Nicht mehr sind sie als Schaustücke des Kunsthandwerks (9,7–8.28–30 wie 1,1 und 3,2.6), erklärbar und durchschaubar, stumm und starr. Zweimal wird JHWH als der Unvergleichbare und Machtvolle gepriesen (17–23 und 33–34): Sein Name ist eigentlich unnennbar (9,19 wie 2,6), und sein Wesen ist die Wahrheit (9,33 wie 5,2–3). Jeremias Spott hatte nicht ungefährliche Folgen: Lieder dieser Art wurden zur Begleitmusik für Bilderstürme, und die Zuweisung dieser Kunst ins Reich des Geschäftlichen und Nützlichen konnte zur pauschalen Beurteilung jeglicher Kunst allein aus der Perspektive der Nützlichkeit werden.

Johannes 1,1–5.9–14.16: Der Johannesprolog (Text 10)

1 Im Anfang war das Wort

2 Und das Wort war bei Gott

3 Und das Wort war Gott

4 Dieses war im Anfang bei Gott

5 Alles ist durch es geworden

6 Und ohne es wurde auch nicht eines

7 Von dem, was geworden ist

8 In ihm war Leben

9 Und das Leben war das Licht der Menschen

10 Und das Licht scheint in der Finsternis

11 Und die Finsternis hat es nicht ergriffen

12 Es war das wahre Licht

13 Das jeden Menschen erleuchtet

14 Der zur Welt kommt

15 Es war in der Welt

16 Und die Welt ist durch es geworden

17 Und die Welt erkannte es nicht

18 Es kam in das Seine

19 Und die Seinen nahmen es nicht auf

20 Wieviele es aber aufnahmen

21 Ihnen gab es Vollmacht

22 Gottes Kinder zu werden

23 Denen, die an seinen Namen glauben

24 Die nicht aus Blut noch aus Fleischeswillen

25 Noch aus Manneswillen

26 Sondern aus Gott gezeugt sind

27 Und das Wort wurde Fleisch

28 Und wohnte unter uns

29 Und wir sahen seine Herrlichkeit

30 Wie sie ein Einziggeborener vom Vater hat

31 Voll Gnade und Wahrheit

32 Denn aus seiner Fülle haben wir alle empfangen

33 Gnade um Gnade

Eine besondere Bedeutung kommt der lyrischen Einleitung des Johannesevangeliums zu (Text 10): Der Evangelist Johannes betont die Nähe von Gott und «Wort» bereits vor Beginn des Evangeliums. Was immer folgt, ist unter dieser Perspektive zu lesen. Wie in der Damaskusszene (7,4) bildet im Johannesprolog das sichtbare Wort das Zentralmotiv: Gott lässt sich hören und wird sichtbar im Wort. Anders als dort wird hier aber auch das Hörbare nicht erkannt und verstanden. Mit der Unabbildbarkeit Gottes, die dem menschlichen Verlangen nach seiner magischen Vergegenwärtigung widerspricht, korrespondiert nun die Unerkanntheit Gottes, die dem göttlichen Beschluss seiner Offenbarung im Wort widerspricht. Wie ein Refrain beschliesst die Unerkanntheit Gottes die beiden Strophen der ersten Hälfte (11 von 1–11, 17–19 von 12–19). Aus der Masse derer, die Gott weder durchs Bild erkennen können noch durchs Wort erkennen wollen, ragen die wenigen Gläubigen heraus, die sich als Gotteskinder verstehen (20–26) und zur johanneischen Gemeinde versammeln (27–33), die beiden Strophen der zweiten Hälfte. Ihnen gilt das anschliessende Wort des Evangeliums, in dem Gott sichtbar wird. Das «allein» im «solus Christus» hängt vor allem an diesem Text: Allein Christus lässt Gott sehen. Er ist sichtbares Wort. In ihm offenbart sich Gott. Alle Kirchen der Reformation betonten diese Ausschliesslichkeit der Gotteserkenntnis.

Huldrych Zwingli 1523: Zürcher Einleitung / Von den Bilden (Text 11)

1 Denen man also antwurt geben sol, das diese zwey teyl: Du solt nit frömbd gött haben und Du solt ghein bild noch glychnus haben glych als ein huot (Schutz) und erklären sind des ersten gebottes: Du solt in einen got vertruwen …

2 Denn welcher hilff und trost by einer creatur gsuocht hat, die der gleubig allein by got suochen sol, der hat im selbs ein frömbden got gemacht; denn ie das ein gott ein ieden ist, zuo dem er sin zuoflucht hat. Also ist das ein stuck, das uns von got ziehen mag: frömbde göt.

3 Das ander stuck, das uns abfuoren mag, sind bilder … Das man sy in den templen hat, das ist ye den bilden eer enbotten.

4 Und da man spricht «Ich bett sy nit an; sy lerend mich und manend», das ist alles ein fabel. Got redt hie nit von dem anbetten, das wir verston wellend: er ist darüber; darumb, dass er wol weysst, das ghein wyser ein bild anbettet.

5 Er verbütet aber hie alle eere (jegliche Verehrung), also, das man vor ihnen nitt nigen, biegen, knüwen, zün den noch reucken sol. Eret man sy nit, was thuond sy denn uff dem altar? Ja, man eeret sy nüt minder denn die Heyden ire bilder der abgöten; die hand sy genempt (benannt) nach dem namen des abgots. Also hand ouch wir gethon. Wir nemmend die höltzer mit dem namen der säligen. Ein holtz nennend wir Unsere Frowen und die Muoter gottes, das ander nemmend wir S.Niclausen etc. Und schryend, die sölichs thuond, man welle die eer der heyligen vernüten; unnd sy vernütend die heyligen, so sy die götzen mit irem namen nennend.

6 Dass aber die bild uns lerind, ist ouch letz. Wir söllend allein uss dem wort gottes gelert werden, aber die tragen (trägen) pfaffen, die uns on underlass soltend gelert haben, die habend uns die leer an die wend gemalt, und sind wir armen einvaltigen der leer damit beroubt, und sind an die bild gevallen und hand sy geert.

7 Wir hand ouch angehebt by den creaturen suochen, das wir allein by gott soltend suochen. Und da sy uns offt soltend gelert haben, hand sy die leer lassen ston, unnd habend offt darfür (davor) mess gehalten, das wir einvaltigen nit verstanden habent und iro der merteil ouch, bis das es darzuo ist komen, das wyt der merer teil der Christenmentschen nit gwüsst hat, in welchem wesentlichen stuck doch der mensch sälig werd. Ja, etlich habend uns erbärmklich mit iren fablen von den heyligen vom waren got an die creatur gewendt …

8 Aber die bilder, die gemeld, die wir in den templen habend, ist offenbar, das sy die geverd der abgöttery geborn habend.

9 Darumb sol man sy da nümmen lassen, noch in dinem gmach, noch an dem merckt, noch ienen (irgendwo), da man inen einigerley eer anthuot. Voruss sind sy in den templen unlydentlich (nicht zu leiden); denn alles, so wir darinn habend, ist uns gross.

10 Wo sy in geschichteswyss ieman hette one anleytung der eerenbietung usserthalb den templen, möchte geduldet werden. So ferr aber man sich anhuobe davor bucken und eer enbieten, sind sy nienen uff dem erdrich ze dulden; denn sy kurtzlich (sofort) ein hilf der abgöttery sind oder die abgöttery gar.

Das Bilderverbot hatte in den Jahren 1523–30 seine unmittelbaren Auswirkungen, entweder in geordneter Bilderdemontage oder im chaotischen Bildersturm. Die Grundlage dafür ist in bekennenden Texten zu finden, mit der sich die neuen «Protestanten» von der alten römischen Kirche absetzten (Texte 11–15). Auf die heisse, kurze Phase der Reformation folgte die lange, kühle Phase dogmatischer Positionierungen (Texte 16–20). – Zwinglis «Kurtze und christenliche Inleitung» war ein Auftragswerk der zweiten Zürcher Disputation vom Herbst 1523, wurde am 17.11.1523 bereits publiziert, richtete sich an die im Entstehen begriffene reformierte Pfarrschaft und war die erste reformierte Bekenntnisschrift überhaupt. Als drittes von vier Kapiteln steht «Von den Bilden» nach dem «Abtun des Gesetzes» und vor «der mess» (Text 11). Zwingli geht vom zweiten Gebot als Folge des ersten aus (1) und deutet beide nacheinander (2–3). Das Schlüsselwort seiner Auslegung heisst «Ehre» im Sinne der Ehrerbietung. Wer sie Bildern erweist, übt Götzendienst und zieht sie dem ab, der allein sie verdient. Zwingli betont den «eifersüchtigen» Gott des Gebots (1,4). Religiöse Verehrung, erst recht im Sinne des Betens und der Proskinese (5), gebührt allein Gott. Da aber Gott auf keinen Ort fixiert ist (6,5), ruft Zwingli nicht nur auf, die Kirchen zu säubern, sondern mahnt auch, Bildern überall sonst keine religiöse Zuwendung zu geben (8–10). Sie haben keinerlei theologische Funktion, denn zur Belehrung ist das Wort gegeben (11,6 wie 10,12–13). Zur Darstellung geschichtlicher Zusammenhänge mögen Bilder nützlich sein, doch wird auch da die pädagogische Funktion rasch religiös gewendet (10). Wie schon bei Jeremia (9,15–16) tritt bei Zwingli das Kriterium des Funktionalen und Nützlichen in den Vordergrund: Religiöse Bilder sind ohne Nutzen für Darstellung, Verehrung, Belehrung, Mahnung. Statt zu funktionieren, wie der religiöse Mensch es sich erhofft, lenken sie ab vom einzigen, das Hoffnung gibt. Bilder sind dysfunktional. Im bildfeindlichen Affekt liegt ein verallgemeinernder Überschuss.

Berthold Haller / Franz Kolb 1528: Berner Thesen / VIII (Text 12)

1 Billder machen zuo vererung, ist wider Gottes wort nuews und alts Testaments. Deszhalb wo sy in gefar der vererung fürgestellt, abzethuond syend.

Am 15.11.1527 setzten die mehrheitlich reformiert gesinnten Berner Ratsherren auch für Bern eine Disputation an, die am 5.1.1528 stattfand. Die dafür gedachten Thesen schickten die Berner Prediger Haller und Kolb an Zwingli, zur inhaltlichen Begutachtung, die kaum Änderungen ergaben, vor allem aber zur Stärkung der Autorität, die man sich auch durch den Druckauftrag an Zürich erhoffte. Die zehn Thesen im zwölfseitigen Quartheft hatten eine durchschlagende Wirkung (Text 12): Nicht nur Bern wurde reformiert, sondern mit direkter Berufung auf die Berner Thesen auch die Städte St. Gallen, Mühlhausen, Biel und Lindau. Wie bei Zwingli ist im Rückgriff aufs Zweite Gebot (1,3) die Verehrung das Kriterium.

Johannes Oekolampad 1529: Basler Reformationsordnung / Von bildern. (Text 13)

1 Wir habend in unsern kilchen zuo statt und land kein bilder, in ansehen, das die vornaher vil anreitzung zuor abgoetterien geben, darumb sy auch Gott so hoch verbotten und alle die verfluocht hatt, so bilder machen.

2 Deszhalb wir füröhyn mit Gottes hilff kein bilder ufrichten lassen, aber ernstlich nachgedenckens haben werden, wie wir die armen doerfftigen, so die ware und lebendige bilder Gottes sind, troestlich versehen moegen.

Basel folgte ein Jahr später, nachdem es im Zuge der Berner Thesen bereits am Karfreitag 1528 in einigen Kirchen zu einem gewaltsamen Bildersturm gekommen war und am 8.2.1529 die evangelischen Zünfte zu den Waffen gegriffen hatten. Um einen Bürgerkrieg zu vermeiden, ordnete der neugewählte Rat die Abschaffung der Messe und die Entfernung der Bilder an. Seit 1522 hatte Johannes Oekolampad in Basel für die Reformation gearbeitet, nun verfasste er im Gefolge dieser Ereignisse die Reformationsordnung, die am 1.4.1529 in Kraft trat. Der achtzehnte von zwanzig sehr ungleichen Abschnitten handelt «Von bildern» (Text 13). Oekolampad folgt der üblichen Gebotsauslegung, wo er auf die geschehene Entfernung der Bilder zurückblickt (1). Wo er in die Zukunft sieht, nimmt er einen wesentlichen Gedanken der prophetischen Kultkritik auf (13,2 wie 8,8–9): Bisherige Aufwendungen für Bildwerke sollen künftig der Armenpflege zugute kommen. Was ihnen getan wird, wird Gott getan (Matthäus 25,35–40). Dies ist eine wesentliche Eigenheit reformierter Theologie: Der Gottesdienst am Sonntag, an dem das Wort gehört wird, und der Gottesdienst im Alltag, in dem das Wort getan wird, bilden eine sichere und gleichwertige Abfolge.

Guillaume Farel 1529: Summaire / De adorer Dieu. Chap. XXVI (Text 14)

1 La vraye adoration de Dieu, son pur service, est luy donner entièrement le cœur, en la recongnoissant comme seul souverain Seigneur et maistre, vray Dieu et vray père sans nul autre, n'attendant d'autre salut ne vie, ne dèlivrance de noz maulx et péchéz que de luy.

2 Ne le cerchant çà ne là, ne en la montaigne, ne en Jérusalem, ne en lieu que ce soit: mais en esperit et vérité.

3   Car il ne le fault aller cercher ne demander en aucune créature, n'en chose corporelle ne visible: mais ès choses spirituelles, l'adorant en esperit et vérité, en nous mesmes en noz cœurs.

4   Car le royaume de Dieu est dedans nous quand avons ferme foy en luy. Il n'est en aucune observation: car il n'y a manière de faire par laquelle on aye (ait) ou trouve Dieu, ne aus-si lieu quelconque.

5   Car Dieu ne se tient et n'a son habitation ès choses faictes de mains des hommes, ne ès choses visibles: mais en nous faictz spirituelz et renouvelléz, uniz et conjoinstz par vraye foy à nostre chef Jésuchrist.

6   Lequel est le propitiatoire où repose toute la divinité, où sont tous les thrèsors de science et sagesse. Pourtant en tout et par tout nous devons adresser en toutes noz nécessitéz à nostre père, recourantz tous jours à son ayde, lequel assiste continuellement à ceulx qui l'ayment.

Auch Farels Kapitel zu den Bildern, das 26. von 42, ist hier ganz wiedergegeben (Text 14). Der Wanderprediger aus Gap in der Dauphiné war seit 1524 mit Zwingli befreundet und hatte wohl in Aigle seinen «Summaire» verfasst, die erste französisch-reformierte Dogmatik, die am 12.11.1529 in erster Auflage erschien und angesichts der Belagerung Genfs durch Savoyen am 23.12.1534 eine zweite erhielt. Nur dieser Druck aus Neuchâtel ist erhalten. Farel erweitert bereits im Titel das Blickfeld, denn nun geht es positiv um die Anbetung und nicht negativ um die Bilder, und er setzt nicht beim Gebot ein sondern beim Evangelium (14,1–2 nach 5,1–3). In den drei Begründungen (3–5) klingen die Götzenpolemik des Jeremia (3 wie 9,6–14), der Prolog des Johannes (4 wie 10,20–33) und die Rede des Stephanus an (5 wie 6,5). Mit «propitiatoire» (6) ist der Deckel der Bundeslade gemeint (2. Mose 31,7), den man sich als Thron Gottes vorgestellt und beim jährlichen Versöhnungsfest besonders verehrt hatte. Hier allerdings wird er aufgefasst wie von Paulus (Römer 3,24), nämlich metaphorisch als Mittel der Versöhnung, Farels Variante des «solus Christus».

Martin Bucer 1530: Confessio Tetrapolitana / XXII. Von Bildern (Text 15)

1   An den bildern haben unsere prediger, auss goettlicher schrifft, erstlich gestraffet, das man sie wider das hell gebott Gottes so offentlich lasst von dem einfaltigen volck vereeret und angebetten werden.

2   Zuom anderen, das man sie und ire zierd so mecklichen kosten legen lasset, damit dem hungeringen, durstigen, nackenden, weisslosen (Hilflosen), krancken und gefangenen Christo sollte handreichung beschehen.

3   Zuom dritten, das man beredt ist, erst auss solcher vereerung und kosten, so auff die bilder gelegt, welche beide Gott abschewlich sind, vil verdienst bei Gott und besondere hilff zuoerlangen ...

4   Dann freilich, welchen das wort Gottes, sampt seinen so herrlichen wercken, die er uns in himmel und erden fuergestellet hat, die wir staetigs vor augen und in haenden haben, zuo dem ihr hoch geniessen, nitt unterrichten und an Gott ermanen,

5   dem selbigen wirt eygentlich das hiezuo nichts helffen, das durch menschlich gedicht den geschoepfften Gottes ihre gestalt geaendert wurdt, und angerichtet, das steyn, holtz, metall und dergleichen materi, nit mehr ihr eygen gestalt, wie ihnen die Gott geben, sonder menschen, thier, und anderer ding angsichter haben.

6   Ja der mensch wirt mehr durch solich bilderwerck von betrachtung goetlichs thuon in seinen eygnen wercken uff solch menschengediecht abgetzogen, damit er nit allenthalben an Gott gedencke, sonder spare seine andacht bis er ettwan zuo eym bildlin komme. Warlich, himmel und erde, und was darinnen, sind herrlichere bilde Gottes, der ihren (sie) nur recht war neme.

Bucers Lehrbekenntnis steht im Zusammenhang mit dem Reichstag in Augsburg, auf dem der Kaiser die strittigen Auffassungen der Konfessionen anhören wollte. Es entstand in Reaktion auf die gerade eben verabschiedete «Confessio Augustana» der Lutheraner. Am 23.6.1530 trafen Bucer und Capito geheimerweise in Augsburg ein und erhielten durch den Landgrafen von Hessen geheimerweise eine Kopie der Augustana. Am 9.7.1530 war die Tetrapolitana fertig. Die «vier Städte», die das Bekenntnis unterzeichneten, waren Strassburg (Bucer), Konstanz, Memmingen und Lindau. Die 23 Kapitel behandeln Glauben (Kap. 1–6), Gottesdienst (Kap. 15–22) und Obrigkeit (Kap. 23). «Von Bildern», hier in Auszügen (Text 15), beendet den langen Abschnitt zum Gottesdienst. Wie Zwingli und Oekolampad beruft sich Bucer aufs Gebot (15,1 wie 11,1–3 und 13,1), wie Oekolampad fährt er mit der Gerechtigkeitsforderung fort (15,2 wie 13,2), wie die Lutherischen bringt er den Verdienstgedanken ein (3). Wer durch Gottes Wort nicht Erkenntnis und Massgabe gewinnt, wird sie auch durch Bilder nicht gewinnen (4–6). Jeremia und Stephanus klingen nach (15,5–6 wie 9,26–32 und 6,5–6).

Jean Calvin 1542: Catéchisme de l'Eglise de Genève / 143-149 (Text 16)

1 Dy le second Commandement.

Tu ne te feras image taillée, ne semblance aucune des choses qui sont au ciel Là sus, ou en la terre cy bas, ou es eaues, qui sont soubz la terre. Tu ne les honnoreras point.

2 Veut il du tout defendre de faire aucune image?

Non: mais il defend de faire aucune image, ou pour figurer Dieu, ou pour adorer.

3 Pourquoy est-ce qu'il n'est point licite de representer Dieu visiblement?

Pource qu'il n'y a nulle convenance entre luy, qui est Esprit Eternel, incomprehensible: et une matiere corporelle, morte, corruptible et visible.

4 Tu entens donc, que c'est faire deshonneur à sa Maiesté, de la vouloir representer ainsi.

Voire.

5 Quelle forme d'adoration est icy condamnée?

C'est de se presenter devant une image pour faire son oraison, de flechir le genouil devant icelle ou faire quelque autre signe de reverence, comme ci Dieu se demonstroit là à nous.

6 Il ne faut pas donc entendre, que toute tailleure, ou paincture soit deffendue en general, mais seulement toutes images, qui se font abuser à idolatrie: en quelque sort que ce soit.

Il est ainsi.

7 A quelle fin reduirons nous ce commandement?

Comme au premier, Dieu a declairé, que il estoit seul, sans autre, qu'on doit adorer: aussi maintenant il nous demonstre, quelle est la droicte forme, afin de nous retirer de toutes superstitions, et facons charnelles.

Die Genfer Kirchenordnung von 1541 forderte «ung certain formulaire», mit dem Kinder in den Glauben eingeführt werden könnten. Über die Jahreswende 1541–42 verfasste Calvin den verlangten Katechismus. Mit ihm fand jeden Sonntag um 12 Uhr Unterricht für 10–15jährige statt. Pfarrer wurden in der Lehre auf ihn verpflichtet. In 373 Artikeln werden der Glaube (Art. 1–130), das Gesetz (Art. 131–232), der Gottesdienst (Art. 233–295) und die Sakramente (Art. 296–373) abgehandelt. «La Loy» geht dem Dekalog entlang. Die Artikel 143–158 legen das Zweite Gebot aus. Nach altem katechetischem Brauch redet erst der Lehrer, dann der Schüler (Text 16). Einige Jahre nach den älteren Reformierten arbeitet Calvin vor allem an der Präzision: Wie Zwingli schliesst auch Calvin nur Bilder mit religiöser Funktionalität aus (16,2.6 wie 11,10); dafür stehen die Leitwörter «adorer» und «figurer». Und wie Farel betont er die Entehrung Gottes (16,4 wie 14,1); dafür steht die Metapher vom Gottkönig.

Jean Calvin 1559: Institutio / Sünde Gott sichtbare Gestalt beizulegen (Text 17)

1 Wenn die Schrift Gott allgemein ganz für sich allein beschreibt und alle sonstige «Gottheit» in der Welt scharf von ihm fernhält, so macht sie damit alles zunichte, was sich die Menschen aus eigenem Gutdünken an Göttern hergestellt haben: denn Gott allein ist vollgültiger Zeuge von sich selbst.

2 Nun hat aber der rohe Unsinn die ganze Welt ergriffen, dass man eine sichtbare Gestalt Gottes haben will und sich deshalb aus Holz, Stein, Gold, Silber oder sonstigem totem und vergänglichem Stoff Götter bildet.

3 Darum wollen wir als Grundsatz festhalten: Gottes Ehre wird in frevlerischem Betrug angegriffen, wo man ihm irgendwelche äussere Gestalt andichtet …

4 Aus den Propheten mag allein Jesaja angeführt werden, der mit besonderem Nachdruck hierauf den Finger legt, um zu lehren, dass Gottes Majestät in ungeziemender und schändlicher Einbildung in den Schmutz gezogen wird, wenn er, der Leiblose, in körperlichem Stoff, der Unsichtbare, in sichtbarem Bildwerk, der Geist, in seelenlosem Dinge, der Unermessliche und Unendliche in einem Stück geringen Holz oder Stein oder Gold dargestellt wird …

5 Gewiss will ich nicht etwa in abergläubischer Scheu behaupten, man dürfe überhaupt keine Bilder haben. Aber weil Bildhauerkunst und Malerei Gottes Geschenke sind, so fordere ich reinen und rechtmässigen Gebrauch dieser Künste, damit nicht, was uns Gott zu seiner Ehre und unserem Nutzen zuteil werden liess, durch verkehrten Gebrauch befleckt werde oder gar zu unserem Verderben führe …

6 Es soll also nur das gemalt oder gebildet werden, was unsere Augen fassen können. Aber Gottes Majestät, die weit über alle Wahrnehmung der Augen hinausgeht, darf nicht durch unwürdige Schaubilder entweiht werden,

7   Zu jener (erlaubten) Art von Bildern und Gestalten gehören Geschichten und Geschehnisse und auch
    körperliche Bilder und Gestalten ohne Bezug auf alles Geschichtliche.

8   Die ersteren haben zur Belehrung und Ermunterung einen Nutzen. Was die zweite Gruppe ausser der
    Ergötzung noch für Nutzen haben soll, sehe ich nicht. Und doch waren gerade von dieser Art fast alle
    Bilder, die bisher in den Kirchen sich befanden.

In seiner «Institutio», der grössten und wirksamsten Dogmatik der Reformation, widmet Calvin (1509–1564) den
Bildern ein eigenes Kapitel (I/11.1–16), obwohl er sie in seiner Dekalogauslegung ebenfalls anspricht (II/8.17–
21). Das umfangreiche Kapitel, aus dem hier nur gerade Bruchstücke angeführt sind (Text 17), trägt den fast
schon barocken Titel «Es ist Sünde, Gott sichtbare Gestalt beizulegen; völliger Abfall vom wahren Gott ist es,
wenn man sich Götzenbilder macht». Es steht im ersten Buch des «Unterrichts in der christlichen Religion», das
«Von der Erkenntnis Gottes als des Schöpfers» handelt. «Erkenntnis», und zwar Gottes und des Menschen, ist
der Schlüsselbegriff der Institutio: Calvin behandelt zuerst sie selbst (I/1–5), dann positiv das Wort der Bibel
als «Leiter und Lehrer» der Erkenntnis (I/6–8), zuletzt negativ die Frage, wo *keine* Gotteserkenntnis möglich ist
(I/9–12). Zum Ausgeschlossenen gehören Schwärmerei, Aberglauben, Bilderdienst und Götzenkult. So figu-
riert das Kapitel über die Bilder in denkbar schlechter Gesellschaft, und Calvins Anathema, die dogmatische
Verwerfung in zwei Stufen, quasi als Sünde und Todsünde, ist bereits im Titel klar. Bilder sind untauglich zur
Gotteserkenntnis, und dem Glauben sind sie abträglich. Nur gerade zwei für Calvin typische Punkte seien her-
vorgehoben: zum Einen der alte philosophische Gedanke, Gleiches könne nur von Gleichem erkannt werden,
der in seiner Umkehrung bedeutet, Göttliches könne nur von Göttlichem bezeugt werden und daher niemand
ausser Gott selbst Zeugnis von Gott geben (1); zum Andern die Gottesvorstellung Calvins, die sich Gott als
Himmelskönig in absoluter Majestät denkt und wohl auch mit der französischen Herkunft des Reformators zu tun
hat (3-4). Es ist souveräner Entschluss des souveränen Gottes, sich in seinem Wort zu bezeugen, und Majestäts-
beleidigung, anderswo Gotteszeugnisse zu suchen. Die beiden Gedanken vereinen sich im Rat, sich bei Bildern
mit dem Abbildbaren zu begnügen (6). Calvin entmythologisiert damit die Kunst seiner Zeit und setzt ihr einen
ebenso philosophisch wie theologisch begründeten, einen frühaufgeklärten Rahmen, zu dem auch das Kriterium
des Funktionalen und Nützlichen gehört (7-8).

Zacharias Ursinus 1563: Heidelberger Katechismus / 96.–98. Frag (Text 18)

1   Frag. Was will Gott im andern Gebott?
    Antwort. Dass wir Gott in keinen weg verbilden / noch auff jrgend eine andere weise / denn er in seinem
    wort befohlen hat / verehren sollen.

2   Frag. Sol man denn gar kein bildnuss machen?
    Antwort. Gott kan vnnd soll keines weges abgebildet werden: die Creaturen aber / ob sie schon mögen
    abgebildet werden / so verbeut doch Gott derselbigen bildnuss zu machen vnd zuhaben / dass man sie
    verehre oder jm damit diene.

3   Frag. Mögen aber nicht die bilder als der Leyen bücher / in den Kirchen geduldet werden?
    Antwort. Nein: Denn wir nicht sollen weiser sein denn Gott / welcher seine Christenheyt nicht durch
    stumme Götzen / sonder durch die lebendige predig seines worts will vnderwiesen haben.

20 Jahre nach dem «Genfer» verfolgt der «Heidelberger» dasselbe Ziel: Die Grundlagen evangelisch-reformierten Glaubens sollen lehrbar und lernbar werden. Wie sehr dies in späteren Jahrhunderten zur tumben Paukerei
von vorgegebenen Antworten verkommen konnte, ist bei Gottfried Keller und Maarten 't Hart nachzulesen.
Vorläufig aber lag der Auftrag des Kurfürsten der Kurpfalz vor, zusammen mit einer Kirchenordnung auch den
Kirchenglauben zu klären. Ursinus (1534–83), der reformierte Dogmatiker der Heidelberger Universität, verfasste 1562 den Grossteil des Textes, sein Vorgänger Olevian besorgte Lektorat und Redaktion. Am 15.11.1563
setzte Kurfürst Friedrich III. die «Kirchenordnung der Kurpfalz», darin integriert den Katechismus, in Kraft. Er
wurde weltweit zum wirksamsten evangelischen Katechismus. Er besteht aus 129 Fragen und Antworten, auf-
geteilt in die drei grossen Abschnitte «Von des Menschen Elend» (Fragen 3–11), «Von des Menschen Erlösung»
(Fragen 12–85) und «Von der Dankbarkeyt» (Fragen 86–129). Zusammenfassung und Überblick sind ihnen
vorgeschaltet (Fragen 1–2). Wer seiner Erlösung gewiss ist, kann unbeschwert von Werkgerechtigkeit die For-

derung des Gesetzes erfüllen. Daher steht die Dekalogauslegung im dritten Abschnitt. Davon berühren drei Fragen das Zweite Gebot (Text 18): Wie anderswo werden nur Bilder mit religiöser Funktion verboten (18,2 wie 11,5.10; 12,1; 16,2.5–6; 17,5), und die «lebendige» Predigt wird anstelle der «stummen» biblia pauperum gesetzt (18,3 wie 11,4.6 gemäss 9,11–16). Grundsätzlich kann kein Bild Gott erfassen, aber im Bewusstsein der Menschen würde jedes Bild, das dies wollte, Gott «verbilden» (18,1 wie 15,6; 16,7; 17,3.6).

Heinrich Bullinger 1566: Zweites Helvetisches Bekenntnis / IV (Text 19)

1   Weil nun Gott unsichtbarer Geist und unendlichen Wesens ist, kann er auch nicht durch irgendeine Kunst oder ein Bild dargestellt werden; deshalb scheuen wir uns nicht, mit der Heiligen Schrift bildliche Darstellungen Gottes lauter Lug und Trug zu nennen.

2   Wir verwerfen daher nicht bloss die heidnischen Götzenbilder, sondern auch Bilder, die von Christen verehrt werden. Denn obschon Christus menschliches Wesen angenommen hat, hat er das nicht deshalb getan, um Bildhauern und Malern als Modell zu dienen ...

3   Damit aber die Menschen im Glauben unterwiesen und über göttliche Dinge und ihre Seligkeit belehrt würden, hat der Herr befohlen, das Evangelium zu predigen, aber nicht zu malen oder mit Malerei das Volk zu lehren; er hat auch die Sakramente eingesetzt, aber nirgends Bilder verordnet.

4   Wir mögen aber unsere Blicke hinwenden, wohin wir wollen, so begegnen uns lebendige und wahre Geschöpfe Gottes, die, wenn sie beachtet würden, wie es billig wäre, den Betrachter weit mehr ergreifen müssten, als alle von Menschen geschaffenen Bilder oder ihre nichtssagenden, unbeweglichen, matten und toten Bildgestalten.

Der Zürcher Reformator Heinrich Bullinger (1504–1575), nach dem revolutionären Zwingli der konsolidierende Kirchenvater, schrieb gegen Ende seines Lebens in Latein die «Confessio Helvetica Posterior». Dafür hatte er äussere und innere Gründe. Äusserlich war es derselbe Kurfürst der Pfalz, der nach dem «Heidelberger», den er zur Regelung der religiösen Verhältnisse in seinem Fürstentum verlangte, nun weiteren Bedarf nach dogmatischer Klärung hatte, weil er am Reichstag, den der Kaiser wiederum nach Augsburg einberufen hatte, seine reformierte Position erklären sollte. Innerlich galt es, nach nahezu fünfzig Jahren unterschiedlicher Entwicklungen des reformierten Glaubens, eine gemeinsame Basis zu schaffen, eine Konvention übers Reformiertsein, damit nach innen wie nach aussen selbiges auf selbige Weise verstanden und erklärt werde. Zum Zeitpunkt der Edition, am 1.3.1566, hatten bereits die meisten Stände der heutigen Schweiz unterzeichnet, dazu auch Mühlhausen. Bald danach folgten die reformierten Kirchen von Frankreich, Schottland, Ungarn und Polen. Die «Posterior» wurde Bullingers Vermächtnis. Heute gehört sie weltweit zu den Bekenntnisschriften der «Reformed Family». Bullinger behandelt die Bilderfrage im vierten von dreissig Kapiteln (Text 19), nach Kapiteln zu Wort, Exegese und Trinität, vor dem zur «Anbetung, Verehrung und Anrufung Gottes durch den einzigen Mittler Jesus Christus». Damit ist bereits klar, dass Bilder nicht leisten können, was nur Christus leistet, sie aber «Lug und Trug» sind, wenn sie dennoch vorgeben, es zu tun. Calvin und Bullinger fanden die schärfsten Urteile (19,1 wie 17,3). Christus hat das Wort befohlen, nicht die Bilder (19,3 wie 18,3 und 11,6).

Larger Westminster Catechism 1648: Questions 108–109 (Text 20)

1   Question: What are the duties required in the second commandment?
    Answer: The duties required in the second commandment are, the receiving, observing, and keeping pure and entire, all such religious worship and ordinances as God hath instituted in his word; particularly prayer and thanksgiving in the name of Christ; the reading, preaching, and hearing of the word; the administration and receiving of the sacraments; church government and discipline; the ministry and maintainance thereof; religious fasting; swearing by the name of God, and vowing unto him: as also the disapproving, detesting, opposing, all false worship; and, according to each one's place and calling, removing it, and all monuments of idolatry.

2   Question: What are the sins forbidden in the second commandment?
    Answer: The sins forbidden in the second commandment are, all devising, counselling, commanding, using, and any wise approving, any religious worship not instituted by God himself; tolerating a false religion; the

making any representation of God, of all or of any of the three persons, either inwardly in our mind, or outwardly in any kind of image or likeness of any creature whatsoever; all worshipping of it, or God in it or by it; the making of any representation of feigned deities, and all worship of them, or service belonging to them; all superstitious devices, corrupting the worship of God, adding to it, or taking from it, whether invented and taken up ourselves, or received by tradition from others, though under the title of antiquity, custom, devotion, good intent, or any other pre-tence whatsoever; simony; sacrilege; all neglect, contempt, hindering, and opposing the worship and ordinances which God hath appointed.

In der Westminster Abbey, deren legendäre Gründung bis in spätrömische Zeit zurückverlegt worden ist, an einem besonders heiligen Ort des englischen Katholizismus also, trat am 1.7.1643 die «Westminster Assembly of Divines», die Synode der englischen Reformierten, zusammen. Durch mehrere Massnahmen sollte der aus Genf importierte presbyterianische Glauben verbreitet und gesichert werden. Liturgieordnung und Gesangbuch, Bekenntnis und Katechismen wurden Arbeitsgruppen in Auftrag gegeben. Der Grosse Katechismus wurde am 2.7.1648 von der Assembly angenommen. Von seinen 196 Questions behandeln vier das Zweite Gebot im Rahmen der Dekalogauslegung: Deren erste zitiert den Text (qu. 107), deren letzte erläutert die Sanktionen (qu. 110). Die Gebote und Verbote sind hier zitiert (Text 20): Geboten sind die Reinigung von allem, was nicht Wort ist, und die Wahrnehmung von allem, was das Wort fordert (wie 18,3 und 19,3). Verboten ist das Umgekehrte. Die Art der Sprache lässt erkennen, wie der Geist der Reformation allmählich zu trockener Orthodoxie gerinnt.

Ludwig Lavater 1559: Gebräuche und Einrichtungen / Kirchen (Text 21)

1   Die Zürcher Kirchen sind von allen Gemälden und Standbildern gereinigt.

2   Sie weisen keine Altäre auf, sondern nur die notwendigen Geräte, wie eine Kanzel, Bänke, ein Taufbecken, einen Tisch, der jeweils zum Abendmahl aufgestellt wird, und Lampen, die im Winter, wenn die Tage kürzer sind, während der Frühgottesdienste gebraucht werden.

3   Die Kirchen blitzen nicht von Gold, Silber, Edelsteinen und Elfenbein, denn dies ist nicht der wahre Schmuck eines Gotteshauses.

4   Orgeln und andere Musikinstrumente gibt es in den Kirchen nicht, weil ihr Klang nichts zum Verständnis von Gottes Wort beiträgt.

5   Auch Fahnen und andere Weihgeschenke sind aus den Kirchen entfernt worden.

Was das Bilderverbot unmittelbar ausgelöst hatte, war bald einmal Geschichte. Was es in der Mentalität der Reformierten bewirkte, lässt sich über Jahrhunderte bis heute erkennen. Einige Beispieltexte mögen es aufzeigen. Waren die beiden vorlaufenden Kapitel repräsentativ (Texte 1–20), so ist dieses eine unsystematische Sammlung von Streiflichtern (Texte 21–27). – Ludwig Lavater (1527–86) war Sohn des nachmaligen Zürcher Bürgermeisters, Schwiegersohn von Heinrich Bullinger, Prediger am Zürcher Grossmünster und zuletzt für kurze Zeit Leiter der Zürcher Staatskirche. Seine Zürcher Kirchenkunde blieb über Jahrhunderte einzigartig. Von 33 Kapiteln ist das kurze über «Die Kirchen» das sechste (Text 21), das auf Kapitel zum Pfarrstand folgt (Kap. 1–5) und Kapitel zum Gottesdienst einleitet (Kap. 6–16). Es strotzt von reformierter Zürcher Nüchternheit: Das zweite Gebot ist verwirklicht (1), das Inventar auf Funktionalität reduziert (2), jeder religiöse Darstellungsbedarf abgewiesen (3), auch die Musik als nicht wort- und verständnisfördernd abgeschafft (4), Gefälligkeit gegenüber weltlicher Gewalt unmöglich gemacht. Wie der Tempel nach der Reinigung durch Jesus (Markus 11,15–19) oder nach der Rekapitulation durch Amos sind die Zürcher Kirchen ausgenüchtert (21,1 wie 8,1–7; 20,1).

Daniel Defoe 1719: Robinson Crusoe / Teil 2 (Text 22)

1   In einem Dorf in der Nähe dieser Stadt (Nertschinsk in Tatarstan) trieb mich die Neugier, hinzugehen und mir die Lebensweise der Bewohner anzusehen, die äusserst roh und unerträglich ist.

2   Sie veranstalteten wohl an diesem Tage ein grosses Opferfest, denn auf einem alten Baumstumpf stand ein hölzerner Götze, der so schrecklich anzusehen war wie der Teufel oder zumindest wie irgendein nur vorstellbares Abbild, das sich zu seiner Darstellung formen lässt.

3   Sein Kopf ähnelte nicht im geringsten dem irgendeines irdischen Geschöpfes – er hatte Ohren, so dick wie Bockshörner und auch so lang, Augen, so gross wie ein Kronenstück, und eine Nase, die einem gekrümmten Widderhorn glich, ein Maul, viereckig gedehnt wie das eines Löwen, mit fürchterlichen Zähnen, die gebogen waren wie der untere Teil eines Papageienschnabels. Der Götze war auf die unflätigstes Weise gekleidet, die man sich nur vorstellen kann: Das Obergewand bestand aus Schaffell, die Wolle nach aussen; auf seinem Kopf sass eine hohe Tatarenmütze, von zwei Hörnern durchstossen. Der Götze war etwa acht Fuss hoch, hatte dabei weder Füsse noch Beine und auch sonst keine entsprechenden Körperteile.

4   Diese Vogelscheuche hatten sie am Dorfrand aufgestellt, und als ich mich ihr näherte, befanden sich dort sechzehn oder siebzehn Geschöpfe – ob es nun Männer oder Frauen waren, vermochte ich nicht zu sagen, denn sie unterschieden sich weder in ihrer Bekleidung noch in ihrer Kopfbedeckung; alle lagen rings um diesen scheusslichen, unförmigen Holzblock flach auf dem Boden. Ich konnte keinerlei Bewegung bei ihnen wahrnehmen, als seien sie selbst Holzklötze wie der Götze; zuerst glaubte ich sogar, es wäre so. Als ich etwas näher kam, sprangen sie auf und stiessen ein Geheul aus, als seien sie dumpf klagende Jagdhunde, und dann machten sie sich davon und schienen erbost, dass wir sie ge-stört hatten.

5   In geringer Entfernung von diesem Ungeheuer, im Eingang eines Zeltes oder einer Hütte, die ganz aus getrockneten Schaffellen und Kuhhäuten bestand, hielten sich drei Schlächter auf. Ich hielt sie jedenfalls für welche, denn als ich mich ihnen näherte, sah ich, dass sie lange Messer in der Hand hielten,

und in der Mitte des Zelts erblickte ich drei geschlachtete Schafe und einen jungen Ochsen oder Stier. Anscheinendwaren sie aber ein Opfer für jenen gefühllosen Klotz von einem Götzen, und die drei Männer dienten ihm als Priester; die siebzehn auf dem Boden hingestreckten Wesen aber waren die Leute, die das Opfer gespendet hatten und nun vor dem Holzklotz ihr Gebet verrichteten.

6   Ich gestehe, dass mich ihre Dummheit und ihre schwachköpfige Anbetung eines Kobolds mehr reizte als sonst irgend erwas im Leben – Gottes glorreichstes und oberstes Geschöpf, dem er schon bei seiner Erschaffung so viele Vorteile vor den übrigen Werken seiner Hände verlieh, dem er eine vernunftbegabte Seele geschenkt und sie mit Fähigkeiten und Gaben ausgestattet hat, die dazu geeignet sind, sowohl seinen Schöpfer zu ehren als auch von ihm geehrt zu werden, dieses Geschöpf also in einem schon nicht mehr Dummheit zu nennenden Masse so herabgesunken und verkommen zu sehen, dass es sich vor einem scheusslichen Nichts in den Staub warf, einem blossen, eingebildeten Gegenstand, den es dafür herausgeputzt, durch seine eigne Erfindung für sich selbst schreckenerregend gemacht und mit nichts als Lappen und Lumpen geschmückt hatte – all das aus blosser Unwissenheit, die der Teufel in eigener Person zu höllischer Anbetung aufgeputscht hatte, da er seinem Schöpfer die Verehrung und Anbetung durch dessen Geschöpfe neidet und sie zu groben ekelerregenden, niedrigen, schwachsinnigen Dingen verleitet, die, wie man annehmen sollte, die Natur selbst beleidigen müssten.

Daniel Defoe (1660–1731) gehörte ins Umfeld des englischen Puritanismus, einer angelsächsischen Variante der reformierten Tradition. Sein berühmter Roman scheint vielen bekannt zu sein und wird doch nur selten wirklich gelesen. Die Kinderfassungen der Romantik stülpten ihm eine Erscheinung über, die wenig mit Defoes Werk zu tun hat. Der Roman ist ein grossangelegtes zweibändiges Werk für Erwachsene, der eigentliche Beginn des modernen englischen Romans. Tatsachen will er berichten, sich gerade nicht in Fiktionen ergehen. Defoe verarbeitete diverse Berichte gestrandeter Seefahrer und bediente sich der modernsten Reportagetechnik seiner Zeit. Sein Ich-Erzähler soll als authentisches Individuum eigene Erfahrungen berichten, ja Defoe selbst zeichnet sich nur als dessen Herausgeber: Robinson ist ein flatterhafter Geist und leichtsinniger Abenteurer. Sein Schiffbruch zwingt ihn zur Reduktion. In ihr kommen die fundamentalen Fragen der Existenz. Je länger sein Alleinsein währt, desto mehr besinnt er sich auf zwei tragende Säulen zurück, die er aus seiner Erziehung kannte: auf die Bibel und den Glauben einerseits, auf die Aufklärung und die Vernunft andererseits. Robinson nimmt sein Schicksal als Gottes Bestimmung, eine Wirkung calvinistischer Prädestinationslehren. Und das ist die durchaus reformiert gedachte Botschaft des Romans: Wer den Ort annimmt, an den Gott ihn stellt, und dort seine Arbeit tut, die getan werden muss, hat gute Chancen. Mit Gott im Herzen und Wissen im Hirn kann das Individuum überall überleben. Im zweiten Teil, aus dem die wiedergegebene Episode stammt (Text 22), bricht Robinson als der Geläuterte zu einer weiteren Weltreise auf, die ihn über Indien und China nach Russland führt. Als aufgeklärter und reformierter Christ (6) beschreibt er einen tatarischen Götzenkult (1–5). Die Beschreibung lässt an Jeremia (22,3 wie 9,2–16) und Amos (22,4–5 wie 8,1–7) denken, die Bewertung an Stephanus und Bullinger (22,6 wie 6,6 und 19,4).

Jean-Jacques Rousseau 1762: Emile / Zweites Buch, Zeichnen (Text 23)

1   Kinder ahmen von Natur aus nach. Alle versuchen zu zeichnen.

2   Mir wäre lieb, wenn mein Zögling diese Kunst pflegte, nicht um ihrer selbst willen, sondern um einen sicheren Blick und eine geschickte Hand zu bekommen. Überhaupt kommt es weniger darauf an, dass er diese oder jene Fertigkeit beherrscht, wenn er nur seine Sinne so schärft und seinen Körper so schult, wie es deren Übung gestattet.

3   Ich werde mich also hüten, ihm einen Zeichenlehrer zu geben, der ihn nichts als Nachahmungen nachahmen und Zeichnungen nachzeichnen lässt.

4   Nur die Natur soll sein Lehrer sein und die Gegenstände seine Modelle. Er soll das Original sehen und nicht das Papier, auf dem es nachgebildet ist. Er soll ein Haus nach einem Haus, einen Baum nach einem Baum und einen Menschen nach einem Menschen zeichnen, damit er sich daran gewöhne, die Körper und ihre Erscheinungsformen genau zu beobachten und nicht falsche und konventionelle Nachbildungen für echt zu halten.

5 Ich halte ihn sogar davon ab, etwas aus dem Gedächtnis zu zeichnen, bis sich die Formen durch häufige Beobachtung seinem Gedächtnis eingeprägt haben, weil ich fürchte, dass er die wahren Proportionen und den Geschmack an der Schönheit der Natur verliert, wenn er bizarre und phantastische Figuren an die Stelle der wahren Dinge setzt.

Der Genfer Jean-Jacques Rousseau (1712–78) hatte eine fromm-calvinistische Mutter, trat 1728 in Frankreich zum Katholizismus über, machte 1754 in Genf seine Konversion rückgängig und wurde zum schärftsten Kritiker des zeitgenössischen Katholizismus. In seinem Denken wird reformiertes Gedankengut indirekt erkennbar. Zu den vielen seiner äusserst wirksamen Schriften gehört der «Emile», dessen Untertitel «ou de l'éducation» das umfangreiche Werk als eine Pädagogik in Romanform erweist. Im wiedergegebenen Abschnitt (Text 23) sinniert Rousseau über die Kunsterziehung. Er liest sich wie eine pädagogische Umsetzung von Calvins Kunstauffassung: Kunst soll nützlich sein und also nicht um ihrer selbst willen betrieben werden (23,2 wie 17,5.8; 21,2 und gemäss 9,15–16), damit sie sich nicht selbst zu einer religiösen Instanz aufschwinge. Kunst soll sich auf das Wahrnehmbare beschränken und die Sinne fürs Geschaffene schärfen (23,4 wie 15,4–6; 17,6 und gemäss 6,5–6). Kunst soll authentisch sein und nicht aus zweiter Hand (23,1.3.5 wie 19,4). Die Wahrheit der Dinge ist das Ziel, nicht Lug und Trug der Phantasie (23,5 wie 19,1).

Gottfried Keller 1850: Der grüne Heinrich / 1. Band, 21. Kapitel (Text 24)

1 «Warum sollte dies nicht ein edler und schöner Beruf sein (Landschaftsmaler), immer und allein vor den Werken Gottes zu sitzen, die sich noch am heutigen Tag in ihrer Unschuld und ganzen Schönheit erhalten haben, sie zu erkennen und zu verehren und ihn dadurch anzubeten, dass man sie in ihrem Frieden wieder zugeben versucht?

2 Wenn man nur ein einfältiges Sträuchlein abzeichnet, so empfindet man eine Ehrfurcht vor jedem Zweige, weil derselbe so gewachsen ist und nicht anders nach den Gesetzen des Schöpfers; wenn man aber erst fähig ist, einen ganzen Wald oder ein weites Feld mit seinem Himmel wahr und treu zu malen, und wenn man endlich dergleichen aus seinem Innern selbst hervorbringen kann, ohne Vorbild, Wälder, Täler und Gebirgszüge, oder nur kleine Erdwinkel, frei und neu, und doch nicht anders, als ob sie irgendwo entstanden und sichtbar sein müssten, so dünkt mich diese Kunst eine Art wahren Nachgenusses der Schöpfung zu sein.

3 Da lässet man die Bäume in den Himmel wachsen und darüber die schönsten Wolken ziehen und beides sich in klaren Gewässern spiegeln! Man spricht, es werde Licht! Und streut den Sonnenschein beliebig über Kräuter und Steine und lässt ihn unter schattigen Bäumen erlöschen. Man reckt die Hand aus, und es steht ein Unwetter da, welches die braune Erde beängstigt, und lässt nachher die Sonne in Purpur untergehen!

4 Und dies alles, ohne sich mit schlechten Menschen vertragen zu müssen; es ist kein Misston im ganzen Tun!» ...

5 Der Schulmeister trat an das Fenster und schaute überrascht hinaus. «Also dieser kleine See zum Beispiel, diese meine holdselige Einsamkeit würde ein genugsamer Gegenstand sein für die Kunst, obgleich niemand den Namen kennte, bloss wegen der Milde und Macht Gottes, die sich auch hier offenbart?»

Gottfried Keller (1819–1890) hat von den Entwürfen (1842) bis zur Überarbeitung 1880 ein halbes Leben lang an seinem grossen Künstlerroman gearbeitet und gefeilt, wohl auch unter dem Einfluss Rousseaus: Er wollte Menschlichkeit vermitteln, allerdings nicht als die hehre philosophische Humanität der höheren Gesellschaft sondern als die alltägliche Humanität der gewöhnlichen Lebensverhältnisse (5). Wahrnehmung des Realen war sein Mittel. Dem nur durch Phantasie Ersonnenen galt sein Kampf. Die Lebensgeschichte Heinrichs, der ein Künstler werden will und an der Realität scheitert, lässt sich beispielhaft für Rousseaus Warnung vor dem Bizarren und Phantastischen lesen (23,5). Der Roman ist in vier Bände gegliedert: Kindheit und Jugend, Fremde und Heimkehr. Der ausgewählte Dialog findet sich im letzten Kapitel der Kindheit (Text 24): Heinrich formuliert einem alten, abgelegen lebenden Schulmeister seinen Berufswunsch, Landschaftsmaler zu werden, und er tut dies ganz im Sinne der von Stephanus geklärten (6,5–6), von Bucer angemahnten (15,4–6), von Calvin erlaubten (17,6), vor allem im Sinne der von Rousseau gewünschten Hermeneutik (23,4). «Nach der Natur» heisst ihm «nach den Gesetzen des Schöpfers» (2). Kunst ist ihm «Nachgenuss der Schöpfung». Das malende Ich und seine Phantasie sind zwar bereits zu spüren (3), stehen aber noch nicht zuoberst. An ihnen beiden wird Heinrich scheitern.

1 Wie die meisten altmodischen Kanzeln lag sie sehr hoch, und da eine normale Treppe zu solcher Höhe durch ihren allmählich ansteigenden langen Lauf in der ohnehin kleinen Kapelle allzuviel Raum eingenommen hätte, so war der Baumeister wohl einer Anregung Vater Mapples gefolgt und hatte die Kanzel statt mit einer Treppe mit einem Fallreep versehen, wie man es auf See gebraucht, um vom Boot aus an Bord des Schiffes zu entern ...

2 Vater Mapple blieb einen Augenblick am Fuss der Strickleiter stehen, und mit beiden Händen die kunstvoll geschlungenen Enden der Manntaue fassend, warf er einen Blick nach oben und enterte dann mit wahrhaft seemännischer Gewandtheit und doch mit geistlicher Würde Hand über Hand die Sprossen hinan, als ersteige er den Grossmars seines Schiffes.

3 Die senkrechten Teile des Fallreeps bestanden wie üblich aus mit Segeltuch überzogenen Tauen, nur die Sprossen waren aus Holz und gelenkig mit den Seitentauen verbunden. Beim ersten Blick auf die Kanzel hatte mir das nicht eingeleuchtet, denn so zweckmässig sie auf dem Schiff sind, schienen mir die Gelenke hier unnötig. Doch zu meiner Überraschung wandte sich Vater Mapple, als er die Höhe erreicht hatte, langsam um, und über die Kanzel hinabgebeugt, zog er bedächtig die Leiter Sprosse für Sprosse zu sich herauf, bis das Ganze wohlverwahrt neben ihm lag und er einsam hoch oben stand in seinem kleinen Quebec, der unbewzinglichen Feste.

4 Ich überlegte eine Weile lang, warum er das tat, konnte aber den Grund nicht ganz einsehen. Vater Mapple genoss so allgemein den Ruf eines Mannes von geradem und untadeligem Wesen, dass ich ihn eines blossen Theatertricks nicht verdächtigen konnte. Nein, dachte ich, das muss seinen ernsthaften Grund haben; mehr noch: es muss Sinnbild für irgend etwas Unsichtbares sein.

5 Könnte es wohl bedeuten, dass er durch diese physische Vereinzelung sein augenblickliches geistiges Fernsein von allen äusseren irdischen Banden und Beziehungen kundtut? Ja, so muss es sein; denn diese Kanzel, die voll ist von Fleisch und Wein des göttlichen Worts, ist für den glaubensstarken Gottesmann ein Bollwerk, das keiner irdischen Speisung bedarf, ein Ehrenbreitstein auf ragendem Fels mit einem nieversiegenden Quell frischen Wassers in seinen Mauern.

Herman Melville (1819–1891), der zeitgleiche amerikanische Kollege Gottfried Kellers, war ein überzeugter Presbyterianer und hat mit Father Mapple seiner Variante des Reformiertseins ein markantes Denkmal gesetzt: Im umfangreichen Roman «Moby Dick», wahrlich keinem Buch für Kinder, hält er die berühmte Predigt über das Buch Jona, bevor der Walfänger von Nantucket aus in See sticht. In den beiden vorhergehenden Kapiteln beschreibt Ismael, das erzählende Ich, die Walfängerkapelle und die Kanzel, die Father Mapple dann betreten wird (Text 25): Schon dies unterstreicht die zentrale Bedeutung des Wortes, dass «Die Kanzel» ein eigenes Kapitel erhält (25,4–5 wie 18,3 gemäss 10,1–33). Ihr Aussehen folgt allerdings keinem kunsthandwerklichen oder ikonographischen Programm, auch keiner religiösen Symbolik, im Gegenteil, das Wort, das Father Mapple verkündigt, kommt durch die speziellen Anspielungen in den Alltag der Gemeinde, die aus Seeleuten besteht (1–3). Gottesdienst im Alltag (8,6–9 und 13,2 und 15,2) bedeutet in dieser Seefahrerkapelle, dass diese Konstruktion, die hier der Predigt dient, funktional dasselbe ist wie jene, die dort auf dem Segler dem Ausguck dient. Hier wie dort heisst sie «Kanzel», und die auf ihr stehen, machen lebensdienliche, gelegentlich auch mal überlebensnotwendige Mitteilungen.

Albin Zollinger 1940: Pfannenstiel / Kapitel 12 (Text 26)

1 Wem Literatur und Kunst etwas mehr als nur Randverzierung sind, der blickt, ganz ohne Gedanken an die eigene Wenigkeit, mit Betrübnis auf den Krautgarten von Kultur,

2 in welchem nur die Kohlköpfe des Nützlichen, die Radieschen der Kritik, die Spaliere des Lehrbaren und an Flor zur Not ein paar Heimattümeleien gezogen werden.

3 Nichts gegen die Heimat, aber alles gegen die Heimattümelei, die eine Unterschätzung der Heimat ist. Über aller Heimat wölbt sich der Menschheit Himmel.

4 Aus dem Kraut schwingt sich die Raupe zum höheren Zustand des Schmetterlings auf. Erwerb, Geschäftigkeit, Sicherung sind erst das Dasein im Kraut, die Voraussetzung, nicht der Aufschwung ins Geistige, der allein ein Volk vor der Geschichte rechtfertigt.

Der Zürcher Albin Zollinger (1895–1941) hat in seinem einzigen Roman die Zürcher Kunstszene der Dreissigerjahre beschrieben. Stapfer ist der Bildhauer, der gerade aus dem grossen Paris in die kleine Provinz zurückgekehrt ist, Byland der Schriftsteller, der als Redaktor einer heimischen Kulturzeitschrift agitiert. Der Pfannenstiel, jener Höhenzug am Nordufer des Zürichsees, bietet den Künstlern zugleich ein Refugium, um fern von kleinkarierter Enge zu arbeiten, und eine Plattform, um von oben auf dieselbe herabzusehen. Abgedruckt ist eine Scheltrede Bylands (Text 26): Sie wertet den gängigen Kunstbetrieb zusammenfassend als Dekorationsgewerbe, denn als Dekor ist Kunst willkommen (1). Mit «Krautgarten» werden Kennerinnen und Kenner auf die «Krautgartengasse» verwiesen, die damals noch Schauspielhaus und Kunsthaus, heute auch weitere Kulturinstitute verband. Der Garten dieser Kunst ist ein Nutzgarten, und freche Genitivmetaphern zählen das Brauchbare auf (2). Das ganze gibt sich, zumal zur Zeit der geistigen Landesverteidigung, heimatlich und ist doch nur heimattümelnd (3). Bodenhaftung braucht auch die Kunst, aber ihre Bestimmung ist sie nicht. Was Zollingers Byland schilt, ist das «Dasein im Kraut», was ihm fehlt, der «Aufschwung ins Geistige». Ist dies eine späte Wirkung reformierter Bildabwehr? Zeigen sich die Folgen des reinen Nützlichkeitsprinzips (21,2)? Schliesst Anbetung «in Geist und Wahrheit» (14,1-3) den «Aufschwung ins Geistige» aus oder ein?

Maarten 't Hart 1979: Gott fährt Fahrrad (Text 27)

1 Aber als ich über den Holzsteg zum Pumpenhäuschen ging, das in der Mitte über dem Graben gebaut war, sah ich nichts anderes als dunkelgrüne Algen. Ich öffnete das Häuschen mit einem Schlüssel, nach dem ich zwei Finkenschläge lang suchen musste. Ich stellte die Pumpe an, die den Grundwasserspiegel senken sollte, so dass die Särge nicht wegtreiben konnten,

2 Und als das gleichmässige und fast unhörbare Geräusch der Pumpe den Raum füllte, schloss ich die Tür wieder und ging über das Gras der Vierten Klasse zur Kapelle, deren alte steinerne Balustraden und breite niedrige Treppenstufen schon ebenso verwittert waren wie die Grabmäler der Ersten Klasse, nur dass hier kein Moos, sondern Zimbelkraut die Ritzen füllte. Oh, wie blühte das Zimbelkraut; eine der Balustraden war ganz violett, und man musste die Steinstufen ganz vorsichtig hinaufsteigen, wollte man die kleinen Pflanzen nicht zertreten.

3 Der Schlüssel zur Kapellentür war genauso schwer zu finden wie alle anderen Schlüssel. Ich trat ein, und sofort war es, als würde ich kleiner in diesem gar nicht so grossen, aber doch feierlichen Raum, in den die Sonne durch die in Blei gefassten Fenster hineinschien und überall verschiedene Farben auf den Fussboden und die Bänke und die grauen Wände zauberte. Wenn man leise durch den nach Bohnerwachs riechenden Raum ging, konn-te man immer wieder andere Farben auf seiner Kleidung sehen, langsam über die Hose gleitende Kreise, kleine gelbe Vierecke auf den Ärmeln des Mantels.

4 Ich ging zu dem grossen Tisch mitten in der Kapelle und setzte mich auf den einzigen Stuhl dort, den Stuhl des Pastors. Auf dem Tisch, genau vor dem Stuhl, lag eine alte Bibel, umrahmt von grünen, roten und blauen Lichtflecken. Die Bibel war abgeschlossen, aber nach dem Schlüssel brauchte ich diesmal nicht lange zu suchen; ich kannte ihn, es war der kleinste Schlüssel am Bund, aber er versteckte sich zwischen den breiten Schlüsseln für das Haus für die Totenbahren und die Leichenhalle.

5 Ich schloss die Bibel auf, legte meinen Daumen an den Goldschnitt und öffnete sie mit einem Schwung. Im Laufe der Jahre hatte ich mich geübt im Aufschlagen der Bibel, denn es ist ja eine alte Gewohnheit der Protestanten, die Bibel an einer willkürlichen Stelle aufzuschlagen, um dann zu sehen, was Gott einem zu sagen hat.

Der Niederländer 't Hart (1944 geboren) ist in strenger, calvinistisch-puritanischer Tradition aufgewachsen. Davon berührt sein Roman «Ein Schwarm Regenbrachvögel» (1978) die Seite der eigenen Mutter, der Roman «Gott fährt Fahrrad» (1979) die des eigenen Vaters. In der ausgewählten Szene (Text 27) aus dem dritten von zwölf Kapiteln geht der erwachsene Sohn auf den Friedhof. Sein Vater, der als Gärtner für ihn zuständig ist, jetzt aber mit Verdacht auf Magenkrebs im Krankenhaus liegt, hat ihn gebeten, dort eine Grundwasserpumpe einzuschalten (1). Danach besucht er, quasi auf Kindheitswegen, die Friedhofskapelle. Auf den Stufen zum Portal wächst «Zimbelkraut». 't Hart, der Biologe und Ethologe, hat einen Blick dafür und kennt den Namen, der an ein biblisch-christliches Instrument erinnert (2). Das innere der Kapelle ist schmucklos, aber die Sonne malt durch die Brechungen des Fensterglases langsam gleitende Farben an die nackten Wände (3). Die Mitte der Kapelle wird von der grossen Lesebibel dominiert, deren Schlüssel am Bund der Ich-Erzähler noch kennt (4). Und dann führt der seiner Herkunft entfremdete Sohn den alten reformierten Brauch der Eltern durch, ein populäres Ritual zum Erweis calvinistisch gedachter Prädestination (5). Selbst der Hinweis auf den Geruch des Raumes hat Bedeutung: Katholische Kirchen duften nach Weihrauch, reformierte riechen nach Bohnerwachs (3). Der heilige Raum duftet nach magischer Vergegenwärtigung des Göttlichen, der profanierte Raum riecht nach nüchterner Nützlichkeit. Seinen einzigen «Zauber» bringt ihm die gottgeschaffene Natur, sein einziger Schatz ist das stets neu zu erschliessende Gotteswort.

———

Stellennachweis

Texte 1–10: Altes bzw. Neues Testament nach der Zürcher Bibel. / Text 11: Heiner Faulenbach / Eberhard Busch (ed.), Reformierte Bekenntnisschriften 1/1; Neukirchener, Neukirchen-Vluyn, 2002; Seiten 140-141.144. / Text 12: Faulenbach / Busch; Seite 204. / Text 13: Faulenbach / Busch; Seite 257. / Text 14: Faulenbach / Busch; Seite 342. / Text 15: Faulenbach / Busch; Seiten 487–488. / Text 16: Wilhelm Niesel (ed.), Bekenntnisschriften und Kirchenordnungen der nach Gottes Wort reformierten Kirche; Evangelischer Verlag, Zollikon, 1938; Seiten 17–18. / Text 17: Otto Weber (ed.), Calvin. Unterricht in der christlichen Religion 1; Buchhandlung des Erziehungsvereins, Neukirchen, 1936; Seiten 74–75.88. / Text 18: Niesel; Seiten 173-174. / Text 19: Walter Hildebrandt / Rudolf Zimmermann (ed.), Bullinger. Das Zweite Helvetische Bekenntnis; Theologischer Verlag, Zürich, 1998; Seiten 25–26. / Text 20: Alexander McPherson, Westminster Confession of Faith; Presbyterian Publications, Glasgow, 1994; Seiten 191–196. / Text 21: Ludwig Lavater / Johann Baptist Ott, Die Gebräuche und Einrichtungen der Zürcher Kirche; Theologischer Verlag, Zürich, 1987; Seite 35. / Text 22: Da-niel Defoe, Robinson Crusoe. Zweiter Teil; Beck, München, 1981; Seiten 308–310. / Text 23: Jean-Jacques Rousseau, Emil oder Über die Erziehung; Schöningh, Paderborn, 1989; Seiten 132–133. / Text 24: Gottfried Keller, Der grüne Heinrich I; Wegweiser, Berlin, o.J.; Seiten 226–228. / Text 25: Herman Melville, Moby Dick 1; Insel, Frankfurt, 1977; Seiten 74–75. / Text 26: Albin Zollinger, Pfannenstiel; Suhrkamp, Frankfurt, 1990; Seite 107. / Text 27: Maarten 't Hart, Gott fährt Fahrrad; Arche, Zürich, 2000; Seiten 63–65.

Hans-Dietrich Altendorf / Peter Jezler (Hg.), Bilderstreit. Kulturwandel in Zwinglis Reformation; Theologischer Verlag, Zürich, 1984

Hans Belting, Bild und Kult. Eine Geschichte des Bildes vor dem Zeitalter der Kunst; Beck, München, 1990

Hans Belting, Idolatrie heute; in: Hans Belting / Dietmar Kamper (Hg.), Der zweite Blick. Bildgeschichte und Bildreflexion; Fink, München, 2000, S. 273–280

Hans Belting, Das unsichtbare Meisterwerk. Die modernen Mythen der Kunst; Beck, München, 1998

Bilderverbot und Gottesbilder (Kunst und Kirche 1/93); Verlag Das Beispiel, Darmstadt, 1993

Gottfried Boehm, Die Lehre des Bilderverbotes, in: Kunst und Kirche, 1, 1993, S. 26-31

Jérôme Cottin, Das Wort Gottes im Bild. Eine Herausforderung für die protestantische Theologie; Vandenhoeck, Göttingen, 2001

Christoph Dohmen / Thomas Sternberg (Hg.), «... kein Bildnis machen». Kunst und Theologie im Gespräch; Echter, Würzburg, 1987

Cécile Dupeux / Peter Jezler / Jean Wirth (Hg.), Bildersturm. Wahnsinn oder Gottes Wille?; NZZ Verlag, Zürich, 2000

Hans Freiherr v. Campenhausen, «Zwingli und Luther zur Bilderfrage», in: Wolfgang Schöne, Johannes Kollwitz und Hans Freiherr v. Campenhausen, Das Gottesbild im Abendland; Eckart, Witten und Berlin, 1959

Reinhard Hoeps, «Bild und Ikonoklasmus. Zur theologisch-kunsttheoretischen Bedeutung des Bilderverbotes», in: Christoph Dohmen und Thomas Sternberg (Hg.), ... kein Bildnis machen: Kunst und Theologie im Gespräch, Echter, Würzburg, 1987, S. 185–203

Reinhard Hoeps, Gebirgslandschaft mit Bilderstreit. Braucht die Theologie die Kunst?, in: Theologische Revue 5, 2000, S. 355–366

Werner Hofmann (Hg.), Luther und die Folgen für die Kunst; Prestel, München, 1983

Bruno Latour, Iconoclash oder Gibt es eine Welt jenseits des Bilderkrieges?; Merve, Berlin, 2002

Bruno Latour, Peter Weibel (Hg.), Iconoclash: beyond the image wars in science, religion and art; Zentrum für Kunst- und Medientechnologie, Karlsruhe, 2002

Christa Maar, Hubert Burda (Hg.), Iconic turn. Die neue Macht der Bilder; DuMont, Köln, 2004

Andreas Mertin, «Der allgemeine und der besondere Ikonoklasmus. Bilderstreit als Paradigma christlicher Kunsterfahrung» in: Andreas Mertin und Horst Schwebel (Hg.), Kirche und moderne Kunst. Eine aktuelle Dokumentation; Athenäum, Frankfurt am Main, 1988, S. 146-168

Michael J. Rainer / Hans-Gerd Janssen (Hg.), Bilderverbot (Jahrbuch Politische Theologie 2/97); LIT Verlag, Münster, 1997

Eckhard Nordhofen (Hg.), Bilderverbot. Die Sichtbarkeit des Unsichtbaren; Schöningh, Paderborn, 2001

Bernard Reymond, Le protestantisme et les images. Pour en finir avec quelques clichés; Labor et Fides, Genf, 1999

Jörg Schmidt (Hg.), Du sollst dir kein Bildnis machen / Von den Bildern befreit zum Leben (reformierte akzente 5–6); foedus-verlag, Wuppertal, 2002

Walther Zimmerli, Das zweite Gebot; in: Walther Zimmerli, Gottes Offenbarung. Gesammelte Aufsätze; Kaiser, München, 1969, S. 234–248

Angelika Affentranger-Kirchrath, Dr. phil.
Kuratorin Coninx Museum, Zürich

Elisabeth Arpagaus, 1957
Malerei, Fotografie, Film, Peyriac de Mer, Südfrankreich

Felix Blum, 1948
Pfarrer, Oberwinterthur

Thomas Feurer, 1953
Stadtrat, Sozial- und Kulturreferent, Schaffhausen

Andrea Good, 1968
Fotografin, Zürich

Thomas Gretler, 1960
Präsident Kirchenpflege, Kappel am Albis

Matthias Haldemann, Dr. phil., 1963
Direktor Kunsthaus, Zug

Juliane Hartmann, 1961
Pfarrerin, Therwil/BL

Maja Ingold, 1948
Stadträtin, Winterthur

Matthias Krieg, Dr. phil., Dr. theol., Pfr., 1955
Leiter Bildungsabteilung Evangelisch-reformierte Landeskirche, Zürich

Daniel Lienhard, 1954
Grafiker, Illustrator, Präsident Kirchenpflege Zürich-Predigern, Zürich

Nadine Olonetzky, 1962
Kulturjournalistin BR, Zürich

Thomas Rentmeister, 1964
Bildhauer, Berlin

Martin Rüsch, 1965
Pfarrer, Zürich

Mario Sala, 1965
Malerei, Zeichnung, Konzept-, Objektkunst, Winterthur

Esther Schweizer, 1963
Pfarrerin, Schaffhausen

Markus Stegmann, Dr. phil.,1962
Kurator, Museum zu Allerheiligen, Schaffhausen

Johannes Stückelberger, PD Dr. phil., 1958
Privatdozent für Neuere Kunstgeschichte, Therwil

Thomas Wipf, 1946
Pfarrer, Präsident des Rates SEK, Bern/Winterthur

Matthias Zeindler, Dr. theol., 1958
Pfarrer, Privatdozent für Systematische Theologie, Erlach

Die Ausstellung und die Publikation sind nur dank grosser Hilfe und Unterstützung von verschiedenen Seiten möglich geworden. An erster Stelle danken wir den Kirchgemeinden von Zürich-Predigern, Kappel, Schaffhausen-Münster und Oberwinterhur für das Gastrecht, das sie der Ausstellung gewährten, und für die grosse Offenheit, die sie dem Projekt entgegenbrachten. Johannes Stückelberger und Matthias Zeindler haben das Projekt von Anfang an begleitet und zeichnen mitverantwortlich für sein Profil. Ihnen danken wir für ihre kunsthistorische und theologische Beratung sowie für ihre Essays im Katalog. Ein besonderer Dank geht an die Künstlerinnen und Künstler, die bereit waren, sich auf die Fragestellung des Projekts sowie auf die jeweiligen Orte einzulassen: Elisabeth Arpagaus, Andrea Good, Klaus Merz, Thomas Rentmeister und Mario Sala. Betreut wurden die Ausstellungen vor Ort je von einem Vertreter von Seiten der Kirchgemeinde sowie von einer Kunsthistorikerin oder einem Kunsthistoriker. Auch ihnen danken wir herzlich: Angelika Affentranger-Kirchrath, Felix Blum, Thomas Gretler, Daniel Lienhard, Esther Schweizer, Urs Stahel und Markus Stegmann. Nicht zuletzt haben sie für den Katalog Texte beigesteuert. Weitere Texte verdanken wir Thomas Feurer, Matthias Haldemann, Juliane Hartmann, Maja Ingold und Nadine Olonetzky. Für besondere Hilfeleistungen im Zusammenhang mit der Ausstellung beziehungsweise der Produktion des Buches danken wir Patrick Gutenberg, Barbara Roth, Kaspar Thalmann sowie der Firma Bickel AG. Ausstellung und Buch waren nur realisierbar dank der finanziellen Unterstützung durch die Kirchgemeinden, den Kirchenrat des Kantons Schaffhausen, den Kirchenrat des Kantons Zürich, den Schweizerischen Evangelischen Kirchenbund sowie die Schweizerische Reformationsstiftung. Auch ihnen danken wir ganz herzlich.

Matthias Krieg, Martin Rüsch